U0833238

品味东坡

川观新闻 主编

四川人民出版社

图书在版编目（CIP）数据

品味东坡 / 川观新闻主编. -- 成都：四川人民出版社, 2023.6
ISBN 978-7-220-13281-0

Ⅰ. ①品… Ⅱ. ①川… Ⅲ. ①苏轼（1036–1101）—人物研究—文集 Ⅳ. ①K825.6-53

中国国家版本馆CIP数据核字(2023)第097154号

PINWEI DONGPO
品味东坡
川观新闻 主编

出版人	黄立新
责任编辑	李淑云
内文设计	张迪茗
封面设计	叶　茂
责任校对	舒晓利
责任印制	周　奇
出版发行	四川人民出版社（成都市三色路 238 号）
网　　址	http://www.scpph.com
E-mail	scrmcbs@sina.com
新浪微博	@ 四川人民出版社
微信公众号	四川人民出版社
发行部业务电话	（028）86361653　86361656
防盗版举报电话	（028）86361656
照　　排	四川胜翔数码印务设计有限公司
印　　刷	四川五洲彩印有限责任公司
成品尺寸	170 mm × 240 mm
印　　张	13
字　　数	160 千
版　　次	2023 年 6 月第 1 版
印　　次	2023 年 6 月第 1 次印刷
书　　号	ISBN 978-7-220-13281-0
定　　价	64.00 元

■版权所有 · 侵权必究
本书若出现印装质量问题，请与我社发行部联系调换
电话：（028）86361656

编撰委员会

主　编：陈　岚　李　鹏

副主编：姜　明　赵晓梦

编　委：颜　婧　简　霞

肖姗姗　黄　勇

蘇

目录

序

第一章 读 · 东坡

目录

序

最明亮迷人的恒星永恒闪耀

——《品味东坡》序

李明泉

由川观新闻主编的《品味东坡》一书，所选文章均为川观新闻文艺评论频道和《四川日报》“西岭雪·文艺评论版”刊发的有关苏轼的评论文章，分为“读·东坡”“观·东坡”“赏·东坡”“品·东坡”四章，40篇文章逾10万字。这些文章既有对苏轼传记年谱的解读，也有对苏轼题材影视话剧作品的评论，还有对苏轼道德文章和人格魅力的阐释与品味，从不同视角不同认知不同笔触来观察体悟苏轼所创造的文艺成就和迸发的人格力量，让我们在这些文章中看到一个可信而可爱、鲜活而有趣，值得我们引以为傲的苏东坡形象。如今，这些文章结集由四川人民出版社出版，较为集中地展现了国内“苏学”专家和“苏粉”们的部分成果。这是传媒和出版界为学习宣传弘扬东坡文化所做的一件有益工作，是传承中华优秀传统文化的实在之举、创新之举。

在阅读《品味东坡》书稿期间，我刚好去眉山东坡区、丹棱县、青神县调研。踏上三苏一家生活过的这片土地，忽然感受到自宋以降便延续的浓郁而绵长的文化气场，目之所及皆是诗书城、三苏镇、苏祠街、中岩书院、唤鱼池、连鳌山、栖云寺、思濛河、醴泉河等与苏洵、苏轼、苏辙密切相关的人文地理环境、遗址和三苏传说，深深感受到三苏的文学成就和精神生命同这方土地同呼共吸，甚至那一棵棵银杏、一丛丛竹林、一株株海棠、一片片云霞，都镌刻着三苏的形象，弥漫着三苏的气息。他们父子三人以别样的生命形态与我们相遇，不仅见字如晤，而且亲切可触。这，就是历史文化名人留给我们的馈赠和给养。

苏轼龙吟东方而翱于世界

我不赞成用“天花板”一词来评价苏轼的成就，“天花板”可能是底楼的,也可能是二三楼或顶楼的,而有时天花板还漏水,是有限空间内的“天花板”，即使再高、再顶格也高超不到哪里去，无法形容和概括苏轼艺术成就和非凡人格难以企及的高度广度深度和温度。苏轼是飞越“天花板”之上而升腾在天幕苍穹的光芒四射、永恒闪耀的恒星，他的生命与人类历史和命运同在。正因为如此，苏轼被2000年法国《世界报》评为影响世界的12位“千年英雄”之一，中国仅此一位。该报曾用两个整版的篇幅，精心介绍这位来自遥远东方的大学者、大诗人、大画家、大文学家、大书法家。

作为百科全书式的杰出人物，用林语堂的话说，苏轼是一个秉性难改的乐天派，是悲天悯人的道德家，是黎民百姓的好朋友，是散文作家，是新派的画家，是伟大的书法家，是酿酒的实验者，是工程师，是假道学的反对派，是瑜伽术的修炼者，是佛教徒，是士大夫，是皇帝的秘书，是饮酒成性者，是心肠慈悲的法官，是政治上的坚持己见者，是月下的漫步者，是诗人，是生性诙谐爱开玩笑的人……苏轼如最明亮迷人的恒星一样光耀夺目，熠熠生辉，给世界以特别的清辉与温情。苏轼在儒学经典、诸子百家、前朝历史、中医中药、佛教道教、音乐舞蹈、饮食养生、格致方技、天文博物、自然物理等文化领域，都有深入的研究，取得显著而奇异的炜煌成就。作为北宋中期文坛领袖和“千古第一文人”，苏轼在中国文学艺术史上，其诗风格独具，与黄庭坚并称“苏黄”；其词与辛弃疾同为豪放派代表，并称“苏辛”；其散文著述宏富，与欧阳修并称“欧苏”；与唐代韩愈、柳宗元和宋代欧阳修、苏洵、苏辙、王安石、曾巩合称“唐宋八大家”；其书法与黄庭坚、米芾、蔡襄合称“宋四家”；其文人画已成经典，尤擅墨竹、怪石、枯木等。

近千年来，不计其数的海内外文人学者，对苏轼留下的文化遗产如痴如醉如琢如磨，都难以研究透彻和明了。苏轼文化艺术的丰富内涵力和无穷大张力，使得苏轼成为永恒的议题话题难题。因此，复旦大学教授王水照先生曾为三苏祠题词：“说不全、说不完、说不透，永远的苏东坡。”由此可见，三苏文化的博大精深。

苏轼的思想之光日月丽天

我常常认为，人与人之间的差异在于思维方式的不同。苏轼经史皆通、文理皆融，他对自然地理、名山大川、花鸟虫鱼、梅兰竹菊等的痴迷，对孔孟仁学、老庄道学、佛学禅宗等的兼容，对中医药术、水利工程、烹饪美食等的热情，让人强烈感受到他思维空间闳阔又层次丰富、创新想象奇妙。他始终坚持以民为本，关心国计民生，以积极入世的胸怀，“居庙堂之高则忧其民，处江湖之远则忧其君”，在徐州洪水袭城时，成功劝说军队和百姓筑堤抗洪护城，在杭州与数万工人同吃同劳动，挖淤泥、除葑草，疏浚西湖，修筑长堤，直到被贬至惠州仍“疾苦者畀之药，殒毙者纳之竁。皋率众为二桥以济病涉者”（苏辙《亡兄子瞻端明墓志铭》）。

这里，苏轼的民生思想、家国情怀和改革主张，在他早期的《策别训兵旅二》中就体现出来：“民者，天下之本；而财者，民之所以生也。”在《上神宗皇帝万言书》《上韩魏公论场务书》《思治论》等文中认为君之为君得自人民拥护，主张以官権优与人民，先裕民而后裕国，从而达到天下治理。他以身体力行、知行合一的理论—实践方式，在纸张和大地上写下他的治理主张和人生理想。

综观苏轼思想，他的民生观、社会观、政绩观、人生观，鲜明体现出他的中庸哲学架构。在《中庸论》中，他突出“诚”与“明”、“乐”与“知”的理念：“自诚明谓之性，自明诚谓之教。诚则明矣，明则诚矣。”只有认清自然的本然道理和人的本然情感，才能内化为把握世界的方式，才能由“知”而“乐”体会到事物运动变化带来的乐感和洞悉事物本真规律的愉悦。这也是苏轼几经沉浮而始终通达乐观的心性哲学基础。可以说，苏轼是东方生存生活生命智慧的杰出代表。

苏轼的艺术之光腾焰飞芒

大凡杰出的文学艺术家都能思接千载、神通万里，在创作实践基础上提炼出自己独特的美学思想，又在这种美学追求中开创自己独特的艺术道路，酌理绎辞而运斤意象，陶钧文思而垂帷制胜，将创作与文论互渗互见、相映共荣，树立文学艺术新的高峰。

苏轼就是这样一位既有辉煌创作成果又有精妙艺术理论的“双栖型全能型天才型作家”，他把汉语言抒写推上了至今只能令人仰视膜拜而难以超越的崇高境界，震烁千古。苏轼在《送参寥师》中表达他的诗学观：“欲令诗语妙，无厌空且静。静故了群动，空故纳万境。”不要说《题西林壁》的哲理韵味，《饮湖上初晴后雨》的神笔妙喻，单是怀念亡妻王弗的小词《江城子·乙卯正月二十夜记梦》就让人读了潸然泪下，其情深可撼天动地；不要说前后《赤壁赋》的悲咽达观，《贾谊论》的说理透彻，单是《记承天寺夜游》仅几笔就写出知音甚少的孤影和苦闷。苏轼的诗词因有“大江东去”“明月几时有”“老夫聊发少年狂”“一蓑烟雨任平生”等千古名篇而闪动着无穷无尽的美的灵光和爱的慧眼。而他的书画则在写意传神重神似、诗画一律重意境的理论自觉下，自称“我书造意本无法”“自出新意，不践古人”，强调“萧散简远，妙在笔画之外”，创作了被后人誉为“天下第三行书”的神品《黄州寒食诗帖》；提出了“常形”、“常理”两个美学概念，开创了形理兼备的“文人画”，主张以诗入画、诗画合一，创作了《雨竹图》《潇湘竹石图》《枯木怪石图》等绝世佳作，为中华艺术画廊立下了后人学习仿效的样本标杆。

苏轼的文学艺术成就，来自他对自然、社会、人与人、人与自我的深刻认知和倾心感悟，来自他对一切事物的审美把握和物我通感以及用精准神似的结构节奏语言加以赋形赋意赋能，从而达到独步天下的奇绝胜景。为此，历代学人高度评价苏轼，南宋徐度《却扫编》卷五认为苏轼“文格一变，至为歌词，体制高雅”。南宋刘辰翁《辛稼轩词序》称“词至东坡，倾荡磊落，如诗，如文，如天地奇观”。近代学者蔡嵩云的《柯亭词论》评价道：“东坡词，胸有万卷，笔无点尘。其阔大处，不在能作豪放语，而在其襟怀有涵盖一切气象。”这正大气象就是苏轼那一束束耀眼的光芒。

苏轼的人格之光作作生芒

我们常说，诗书传家门毓秀，博爱处世人长久。苏轼的成长与人格、学识与伟绩同家风的沁润滋养以及自己的勤奋修为密不可分。三苏家学源远流长，苏洵是唐代宰相苏味道的后代。苏洵的祖父苏杲，乐善好施，孝顺父母，友爱兄弟。苏洵的父亲苏序，富有仁爱热忱之心，在饥荒年代常常拿出粮食无偿救济灾民。苏洵为激发两个儿子奋发向上、扬长避短，希望他俩能积极而踏实地走自己的路，特意写了一篇题为《名二子说》。苏氏家风可归结为：读书正业、孝慈仁爱、非义不取。

苏轼经“乌台诗案”后，能圆融儒、释、道三家，从刚直执拗、不避锋芒转向宠辱不惊、随缘自适，得益于父亲的教诲，亦得益于他融入自然山水，悟出淡定、平和、包容、旷达之道。苏轼曾回顾道：“昔我先君子，仁孝行于家。家有五亩园，幺凤集桐花。”孝慈仁爱、乐观旷达，是深入苏轼骨髓的人格本性和处事主调，他把四川谚语“黄葛树下跳舞——苦中作乐”演绎到极致，饱含一颗永不衰竭的童心、赤子之心，始终乐观地对待周遭的一切。我以为，苏轼将目之所及、身之所遇都能转化为生存生活美学，显示出生命时空自由逍遥腾挪的大智慧大格局大境界。这是苏轼最迷人的地方，也是至今人们道不尽、学不完、难看齐的魅力所在。

宋哲宗元祐六年（1091）春季，杭州突发疫情，苏轼下令多做稠粥和药剂，并筹集白银设立病坊，免费为患者看病。在黄州，他倡议成立民间慈善机构育儿会，帮助贫民抚养新生儿；在密州，他捕蝗抗灾，收养弃儿；在惠州，他引泉入城，供百姓饮用；在儋州，他开设东坡医所。“问汝平生功业，黄州惠州儋州。”苏轼的一生为老百姓真心付出，没有丝毫做作。他在《六事廉为本赋》中说的“功废于贪，行成于廉”，正是他主张保民生、与民同乐的写照和实证。

有意思的是，苏轼在留下的1000多封书信中，有40多处字使用“呵呵”二字，如《与鲜于子骏》说：“近作小词，虽无柳七郎风味，亦自是一家，呵呵。”不加掩饰地开怀和大笑，其景其情如在目前。有人戏称东坡“呵呵”是网络语言的祖师爷。

前人的智慧、家庭的培育、社会的变革、山野的灵气、人事的沉浮，加上自我超逸峻立、慧心灵性的才情与领悟，构成苏轼自我完善、人格致美的多维一体化奇才和流芳千古的伟人。因此，他把别人眼中的苟且，活成了自己的潇洒；他把自己身处的逆境，还给人间一片快乐；他把冰冷世界拥入怀，温暖了千年的明月；他把人类无限的想象，变成可触摸的经典。

至今，在汉语言词汇中还鲜活地流淌着有关苏轼的成语和名句，如胸有成竹、坚韧不拔、雪泥鸿爪、沧海一粟、夜雨对床、海屋筹添、出人头地、取之不尽、安步当车、河东狮吼、明日黄花、不合时宜、天涯何处无芳草、不识庐山真面目，等等。

黄庭坚曾评价苏轼“还作遨头惊俗眼，风流文物属苏仙”。这也是川观新闻之所以编辑出版《品味东坡》的用心和价值所在。

是为序。

2023 年 5 月 31 日于成都华阳

作者简介

李明泉，中国文艺评论家协会副主席，四川省社会科学院二级研究员。

第一章

读·东坡

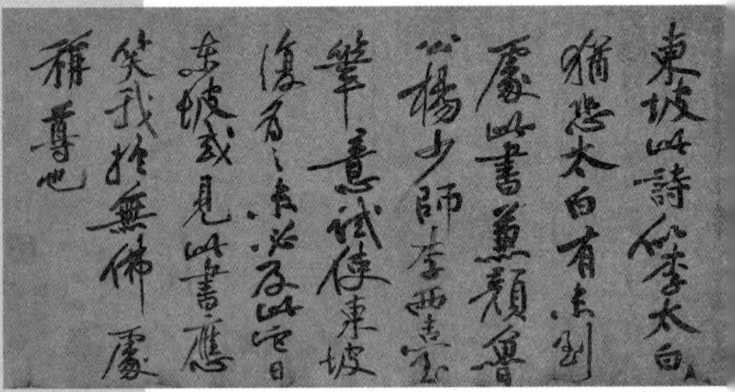
東坡此詩似李太白
猶恐太白有未到
處此書兼顏魯
公楊少師李西臺
筆意試使東坡
復為之未必及此它日
東坡或見此書應
笑我於無佛處
稱尊也

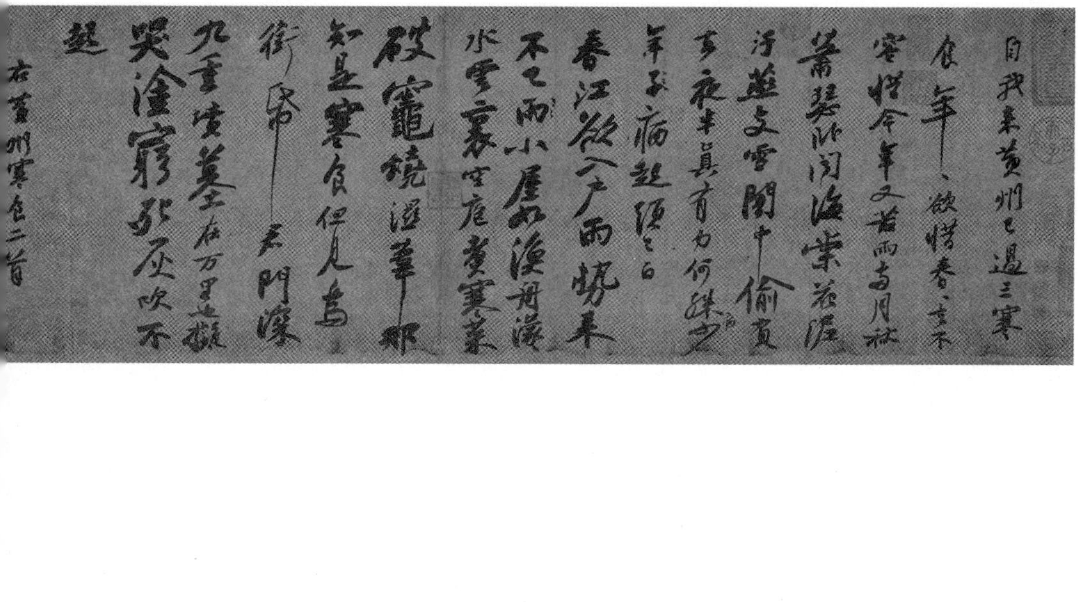

近百年来，中外学者、文人、作家们，从不同的角度解读、诠释苏东坡。他们的著作，成为我们走近苏东坡的一条路径，是一把打开苏东坡传奇人生的大门钥匙。

人生缘何少快乐，只因未读苏东坡。

“苏东坡季”主题书单发布

川观新闻记者 肖姗姗

2022年12月，岁末，启新。

由实施四川历史名人文化传承创新工程领导小组办公室主办的2022年名人大讲堂“苏东坡季”主题书单正式发布。

提起苏东坡，你会想到什么？文豪？书法大家？政治家？美食家？乐天达人？

可能只有将上述身份合而为一，方能诠释一个真正的苏东坡——千古一人，旷世全才。

近百年来，后世学者、文人、作家，从不同的角度解读、诠释苏东坡。他们的著作，成为我们走近苏东坡的一条路径，是一把打开苏东坡传奇人生的大门钥匙。

人生缘何少快乐，只因未读苏东坡——让我们从这份主题书单开始，打开这15本书读懂苏东坡，发现人生的意义，发掘生活的快乐。

1.《苏轼年谱》

作者：孔凡礼

出版社：中华书局出版社

这本年谱是苏轼研究专家孔凡礼先生在整理《苏轼诗集》《苏轼文集》《苏轼佚文汇编》等书过程中纂修完成的。全书一共分40卷，近100万字，以编年方式对苏轼生平事迹和交往、创作等进行了详细的考证，享有“资料翔实，系年得当”的学术赞誉，成为苏轼研究乃至宋代文学研究绕不开的经典之作。该年谱自1998年2月出版后，即深受读者关注，并荣获第四届国家图书奖提名奖。2003年重印，作者撰写了“重印后记”，将其最新补正文字附于全书之末。

孔凡礼（1923—2010），安徽太湖人，苏轼研究专家。1958年起，开始在《光明日报·文学遗产》上发表研究论文，从此开始了40多年的宋代文学研究工作。主要论著有《全宋词补辑》《孔凡礼古典文学论集》等。

2.《苏东坡传》

作者：林语堂

出版社：湖南文艺出版社

这是林语堂在20世纪40年代用英文写成的，被翻译成中文，在华人读者中影响甚广。书中自苏东坡的出生写到离世，从家庭生活写到社会活动，展现了苏东坡的生活历程与乐观心境。“顺乎天性却又刚猛激烈，光风霁月亦是不忮不求。”林语堂是学贯中西的文人，他用一种非常诗意的、个人色彩浓厚的方式来写苏东坡传，有其独特的风采。比如他高度凝练地总结苏东坡的多面性：一个秉性难改的乐天派，是散文作家，是新派的画家，是伟大的书法家，是酿酒的实验者，是工程师，是假道学的反对派，是士大夫，是皇帝的秘书，是饮酒成性者，是心肠慈悲的法官，是政治上的坚持己见者，是月下的漫步者，是诗人，是生性诙谐爱开玩笑的人……林语堂版本的苏东坡传基本上就是一个心灵故事。

3.《斑斓志》

作者：张炜

出版社：人民文学出版社

斑斓，本指玉色绚丽缤纷，人之于玉，或佩戴或把玩，以亲近成其相互滋养。《斑斓志》是一部当代作家近距离亲近苏轼的书。作为茅奖获得者、优秀小说家的张炜，以10余年的深研之功，兼诗学、写作学、文学批评、作品鉴赏、历史钩沉及社会思潮溯源之综合探究，力避俗见，直面文本，每言必得凿实，质朴求真，还诗性与生存实境。全书依苏东坡的生命轨迹寻觅，从“不自觉的强势”“真伪自由书”“一生刑赏”，到“从娇客到弃石”“直击沦落客”“异人三视”，最后再到“不可套语解东坡”“走不出的迷宫”，全书分七讲120余题，呈现了实力派小说家张炜独有的思想深度与才情。

4.《朝苏记：行走在苏轼的世界里》

作者：于坚

出版社：深圳报业集团出版社

苏东坡的粉丝众多，其中包括像于坚这样的当代诗人。出于对苏轼文学成就与人生态度的敬仰，云南人于坚带着“朝圣”的心情，到苏轼的家乡、故居、祠堂、墓冢等地进行游历，记录了游历中的所见所闻。他时而追索历史文本，时而回归当下，追怀苏轼并思考其在我们时代的现实意义。于坚说，40多年来，朝拜苏轼的故乡一直是他的夙愿。在游历苏轼故里之后，于坚这样叙写此行的感受与思考：“天地有大美而不言，文道法自然，师从造化，苏轼是伟大实践者。借着这些不朽的文字，我们仿佛还可以遇见苏轼本人，我们依然可以再次觉悟何谓生活；再次思考，我们是谁，来自何处，要到哪里去。”

5.《陪你去看苏东坡》

作者：衣若芬

出版社：商务印书馆

自1990年8月起，人文学者衣若芬教授以浙江杭州作为起点，开启追寻东坡毕生行迹之旅。她花费30年，飞行与步行里程累计数十万公里，踏查四川、湖北、河南、山东、江西、江苏、河北、广东与海南。她带着温故知新的心情，顺着东坡一生的经历，去看他居住过的地方：从最北边的河北定州，到最南端的海南儋州。苏东坡的故居，苏东坡的外婆家、两位妻子的娘家，父母和原配王弗的墓地……亲历其境，见到山坡的松林，心头方才浮现“明月夜，短松岗”的情味。作为一位“重走东坡路”的女性学者，衣若芬带着“最喜欢和苏东坡去旅行”的心情，登岭跨海，南寻北访。想象踩在苏东坡的足迹上，体验他的山河感观，吟诵他在当地写作的诗文——天地大美，生生不息，千古风流长青。

6.《苏东坡新传》

作者：李一冰

出版社：四川人民出版社

跟林语堂发挥文采以空灵的美感写东坡不一样，李一冰为苏东坡写传采用的是更接地气的方式。他所使用的材料取材于东坡诗词，参考了100余种书目，以坚实的考订和热情的笔触，用70万字试图还原一个更加靠近原貌的苏东坡。虽然路线更接地气，资料更扎实，但写作风格并不诘屈聱牙，没有学究气。除此之外，这个版本的苏东坡传有一个最大的特色是，李一冰解读苏东坡的着重点不是一个天才的辉煌，而是更多去剖析曾在狱中的东坡、虎口余生出狱后的东坡，是从苦闷中走向旷达自在、从现实接二连三的无情打击走向一而再，再而三的意志坚强与生命韧性的东坡。他写出的东坡——是“成固欣然，败亦可喜”的东坡，是“瘴海炎陬，去若清凉之地”的东坡，是“九死南荒吾不悔，兹游奇绝冠平生”的东坡。尤其是，他重点着墨了苏东坡贬谪黄州这一重要的人生节点，那也是苏东坡文学高峰的开始。在那里，苏东坡留下了“小舟从此逝，江海寄余生”的诗句，将前半生的抱负以诗人的方式还给了黄州的江与月。

7.《品中国文人·苏东坡三百篇》

作者：刘小川

出版社：上海文艺出版社

在苏东坡的故土乡邦，文脉依然在流传。在眉山，一代又一代人从先贤苏东坡那里汲取营养，完成了很优秀的作品。刘小川就是其中一位佼佼者。刘小川写苏东坡有一个“近水楼台”的优势——身为眉山人的他，自幼生长在三苏祠近邻之地，深受“三苏”文脉气息的熏陶。

刘小川出版过多本关于苏东坡的解读著作。在最新成果《苏东坡三百篇》中，刘小川突破了通常所见的冗长掉书袋式样的传统文人传记模式，用一种轻阅读的方式带领读者亲近苏东坡，鲜活地传达出一个可爱、鲜活的苏东坡。多年研读，刘小川对苏东坡的理解一直在加深，同时又找到了新的解读和表达苏东坡的方式——用最简练的语言，将苏东坡以及围绕他的传统文化精髓，进行精准发力表达和精准投送。除了写作方法创新，刘小川也发掘出关于苏东坡精神能量的更多可能，再现苏东坡身上闪烁着天真智慧之火的生命瞬间，创造性地提出“低沸点欣悦”等概念。在刘小川看来，这一切最终造就了“强大的普通人”苏东坡：“既有强者特质，又有艺术家的自觉；既能以灵感照亮自己，又能兼爱身边的朋友和陌生人。”

8.《在故宫寻找苏东坡》

作者：祝勇

出版社：人民文学出版社

祝勇多年来聚焦故宫，从建筑到古物，从宏大的历史事件到小人物的悲欢离合，用散文的笔法、诗意的笔触以及极具现场感和想象力的叙述，为读者呈现了一座“纸上的故宫”。在这本书中，祝勇从10个侧面——入仕、求生、书法、绘画、文学、交友、文人集团、家庭、为政、贬谪岭南书写了苏东坡一生的历程。在故宫博物院工作的祝勇，更多地把苏东坡的精神世界与艺术史原物联系起来。在呈现苏东坡人生脉络和生命际遇的同时，祝勇选取故宫收藏的宋元明三个朝代的艺术藏品，由书、画及人，把苏东坡的精神世界和艺术史联系起来，由苏东坡个体的人生去反观他所处的时代。书中拥有如此数量的插图是为了强调图像志的意义，以此证明历史本身所具有的物质性。祝勇不单是写苏东坡的个人传记，更书写了整个宋代的精神文化风貌。

9.《灵犀》

作者：[法]克洛德·罗阿著　宁虹译

出版社：四川大学出版社

苏东坡是生活在11世纪的中国文人士大夫，克洛德·罗阿却是与其相隔近千年之久的法国诗人。他们中间隔着的不仅是近千年的时光，还有人种、语言、文化、思维等种种差异，但罗阿却对东坡以“朋友”相称，甚至热爱到认为“他就是我”。克洛德·罗阿有西方人的审美倾向，同时又对中国文化保持着亲近和喜爱，以法式的浪漫笔触，为我们呈现了一位不同的东坡形象。这种跨越时空的友谊与通过相交而产生的友谊不同，是一种精神的共鸣、心灵的交会。在这本书中，不光可以读到东坡生平，还可以读到克洛德·罗阿在中国的亲身经历；可以读到东坡的诗文、书画理论，也能读到西方与之相应相通的诗歌、绘画理论……这些内容被容纳在一本中文译文不到10万字的小书中，令人不得不对克洛德·罗阿铺陈有序、详略得当、虚实交融的笔力由衷赞叹。中文译者为川大外国语学院的宁虹教授，她以女性的细腻，将克洛德·罗阿的感性笔调进行了忠实再现，行文流畅优雅，与克洛德·罗阿的文风令人惊讶地贴合。

10.《苏轼十讲》

作者：朱刚

出版社：上海三联书店

本书的10个专题大体按照苏轼生命历程的时间顺序展开，内容涵盖了北宋时期的取士制度、政治环境、学术动向及文学风气等，同时将苏轼置于历史与文化的潮流中上下观照，在文献史料与文学作品中纵横捭阖、披沙拣金，对苏轼的人生经历、精神思想及文学创作做出幽深精妙的讲解。作者朱刚师从王水照先生，是复旦大学中文系教授、博士生导师。主要研究宋代文学，出版有《苏轼评传》（合著）、《苏轼苏辙研究》等学术专著。与王水照教授共同主编《新宋学》，在学界颇具影响力，目前已出版七辑。在复旦大学开设有“苏轼精读”“中国文学传统”“中国古代文学史”等课程。《苏轼十讲》这本书是作者多年治苏的成果。文笔优美晓畅、内容丰富、角度多元，既有普及读物的平易近人、通俗易懂，又有学术读物的深度。

11.《苏东坡地理》

作者：张星云等

出版社：生活·读书·新知三联书店

作为一个屡被贬谪的北宋官员，苏轼的行踪西起故乡眉山，东至海滨，北至宋辽边界，南至海南岛，穿越了北宋统治的大半疆域，这也就使他留下的遗迹遍布全国。从这个意义上讲，正是由于其宦游经历之丰富、之曲折，也正是在他从苏轼成为苏东坡的过程中，历经了沉浮，对人生形成了独特的思考，这些都成为他留给后世的最宝贵精神遗产。《苏东坡地理》是“地理中国”丛书之一种。本书通过寻访地理和观赏笔墨真迹的方式，走进了苏轼的精神世界。

12.《阅读苏轼》

作者：朱刚

出版社：北京大学出版社

苏轼在诗、词、文、书、画各方面的成就如何？苏轼在政治上有哪些才能？为什么说“乌台诗案”是苏轼人生的转折点？如何评价苏轼的一生？为什么人人都爱苏东坡？除了苏轼成就非凡以外，还因为他作品中的思索和观照，总能触动人心，他的创作和人格，光辉璀璨，跨越时空，千百年后，依然令人敬仰。本书是复旦大学朱刚教授写给大众的苏轼读本。全书分为四个部分，第一部分是简明版的苏轼传，叙写了苏轼特立独行的人格、狂放不羁的个性、博大的心灵世界，以及无人企及的艺术成就；第二部分是“作品赏析”，全面深入地分析了苏轼的代表作；第三部分“名家视角”，选取了黄庭坚和王水照的文章；第四部分“苏轼年谱”，能帮助读者全面而深入地理解苏轼。

13.《东坡茶》

作者：张花氏

出版社：四川辞书出版社

苏东坡喜欢喝酒，他说“殆不可一日无此君”“偶得酒中趣，空杯亦长持”；苏东坡也喜欢喝茶，他说“从来佳茗似佳人”“尝尽溪茶与山茗”“明窗倾紫盏”，茶中的意义，乃是诗意的生活。张花氏从一片茶叶追溯，沿着苏东坡命运设定的线路，叩石问泉，大海捞针。一路征询一路刨掘，一路辨认一路取舍，一路咏叹一路思索，最终汇成一款馨香《东坡茶》。他不光采来了形形色色的茶叶，还采到了一个一个精彩的茶故事。张花氏还将苏东坡所生活的宋朝，定性为“茶性格的王朝”。他进而对“茶性格”做了解读：“冲淡、静笃、隐忍、隽永，还有潜流暗涌的奢华。”

14.《苏东坡全集》

作者：苏轼 撰 曾枣庄 舒大刚 主编

出版社：中华书局

《苏东坡全集》是苏东坡作品的全部汇编，也是目前收录苏东坡作品最为全面的版本。这套全集全景展现了苏东坡多姿多彩的人生历程和精神世界，是普通读者去全面阅读了解苏东坡的上佳之选。本书全套共八册，包括作品 15 种，其中第一、二册为苏东坡的《诗集》《词集》；第三至六册为《文集》；第七册为苏东坡的学术著作《苏氏易传》《东坡书传》《论语说》（辑本）；第八册为笔记类作品《东坡志林》《仇池笔记》《东坡手泽》及作为附编的《苏沈良方》（收录苏东坡和沈括关于药方和养生方面的文章）、《艾子杂说》（东坡的寓言作品）、《杂纂二续》、《渔樵闲话录》、《调谑编》、《问答录》。全集前有曾枣庄先生撰写的长篇《导言》，系统评述了苏东坡的文艺和思想成就，帮助读者提纲挈领地把握苏东坡的主要成就；同时编有《苏东坡年表》，细致呈现苏东坡的人生历程。

15.《东坡志林》

作者：苏轼 撰 王松龄 点校

出版社：中华书局

在辉煌的诗词成就之外，苏东坡还写过不少笔记类、小品文之类的文章，这也给后世读者提供了更深刻了解他的良机。《东坡志林》就是苏东坡的笔记作品之一，见识深刻，涉笔成趣，在很大程度上开启了明代小品文的风格。

《东坡志林》中所载为苏东坡自元丰至元符年间20年中之杂说史论，内容广泛，无所不谈。其文则长短不拘，或千言或数语，而以短小为多。皆信笔写来，挥洒自如，体现了他行云流水涉笔成趣的文学风格。书中所载各篇，相当一部分留下了写作年代，较早的是元丰年间，较晚的是元符四年，前后历20多年，大体上是从被贬黄州始，至元符四年遇赦内徙止，共203篇，内容相当丰富。从中可以窥见东坡的学养、思想、世界观等诸多方面。他谈天说地，出游交友，入仕致仕，他曾洒脱豪放，也曾沉郁顿挫，在这本书上体现得淋漓酣畅。

博大精深 纤细无遗

——简评《苏轼年谱》

张海

年谱是比传记更全、更细的人生纪实，是按年月记载某人生平事迹的著作。著名学者朱士嘉说，将一个人一生的道德、学问、事业“纤细无遗而系以年月者，谓之年谱”。年谱对了解和研究历史人物具有无法替代的特殊价值，学界甚至有“年谱胜全集”的说法。

苏轼是中国古代的文化巨人，一生著述丰富，成就斐然；宦海浮沉，奔走四方；阅历丰富，交游甚广。历代许多学者都曾为苏轼编撰年谱，据初步统计，有百种之多。其中，孔凡礼先生的《苏轼年谱》可谓集大成者。

孔先生是宋代文学及苏学研究大家，一生著述等身，主要论著有《全宋词补辑》《宋诗纪事续补》《范成大年谱》等。在苏学研究方面，孔先生成就尤为突出，先后点校了《苏轼诗集》和《苏轼文集》。1998 年，孔先生积 20 余年之力完成的《苏轼年谱》由中华书局出版，获得学界广泛赞誉，有学者认为是 20 世纪写得最好的一部年谱。该书曾荣获第四届国家图书奖提名奖。

《苏轼年谱》从苏轼作品入手，广泛采录宋代史书、笔记、诗话等材料，逐一辨析。同时，融汇了大量关于苏轼行实交游及作品写作时间的考订成果，全面记述了苏轼的事迹，可谓是孔先生一生研究心血之结晶，是苏学研究的重要学术成果。

《苏轼年谱》博大精深、规模宏伟、纤细无遗、多有骊珠。主要有以下四个特点。

一是体例完备、严谨扎实。

《苏轼年谱》全面记录了谱主苏轼的世系、籍贯、家族、生平、思想、创作等，清晰地记录其每一年、每一个月甚至每一天的事迹。《苏轼年谱》按年为次，于年下分行顺叙谱主事迹，并辅以作者按语，对记事和引述资料加以详尽考辨。与此相联系，孔先生遵“知人论世”之古训，注意广泛考察苏轼交游，记述、考察言必有据。

另外，孔先生认为，苏轼作品是考证其行实之首要依据。故《苏轼年谱》对已有的苏轼作品编年加以详尽考订，指出其疏误，对未编年作品致力于考证其写作时间。

二是资料翔实、搜罗全面。

孔先生占有资料全面，可谓细大不捐、“竭泽而渔”。他通览了《宋史》《续资治通鉴长编》《皇朝文鉴》《宋会要辑稿》《宋诗纪事》等史籍大书，还检阅了宋金元以来的众多总集、别集、笔记、方志、类书、碑帖等600多种古籍资料，其中不乏罕见的珍籍孤本。孔先生还对所引史料的可信度和价值予以严格辨析。因此，《苏轼年谱》的记述更为详赡穷尽、全面真实。

如关于苏轼的名号，他谱一般只说：“公姓苏讳轼，字子瞻，一字仲和。”而《苏轼年谱》在此之外，还列出了苏轼的其他18个字号，而且一一注明出处。又如苏轼守杭时，曾多次举荐贤才进京应制科考试，其中一人为欧阳经。但有关欧阳经的事迹及苏轼荐才的过程，史书并无记载。孔先生把视角转向浩如烟海的地方志，在清代同治版《连州志》卷七找到了相关资料。

三是考订精审、濯旧出新。

孔先生在《苏轼年谱》中，对以前诸年谱和注苏中的"无可考""失考"或语焉不详甚至避而不谈之处，都一一据史料进行了必要的补充，解决了一些疑案。如苏轼《题沈氏天隐楼》一诗，天隐楼何在？沈氏何人？历来都说"失考"。孔先生锲而不舍、遍检群书，从文同《丹渊集》中的一首诗中，考出天隐楼在湖州。又从《沈氏三先生文集》中得知，沈氏乃沈沔。

另外，孔先生在《苏轼年谱》中，以翔实的资料和严谨的考稽纠正了前人的错误，可见孔先生读书之广、考订之深。如苏轼有《和参寥见寄》一诗，前人大多认为作于元丰二年之初，孔先生根据参寥原诗和两人往来书信，认为该诗应作于元丰元年年末。

四是内容丰富，视野广阔。

《苏轼年谱》全面而详细地记载了苏轼的生平事迹和日常生活细节，时间维度甚至精确到了具体日期，使读者近距离地走近东坡世界，亲临"第一现场"。苏轼生平中的重大事件，如自请外任、乌台诗案、远谪惠儋等，在《苏轼年谱》中记载详尽，使读者能了解事件的来龙去脉。

此外，《苏轼年谱》也为读者展现了坡仙丰富的生活和乐观的人生态度。如绍圣二年四月载苏轼在惠"十一日，初食荔枝"，以诗记之。元符元年"子过以山芋作玉糁羹，有诗赞之"。这些记载充溢着强烈的生活气息。

苏轼拥有众多的粉丝和广大的朋友圈。《苏轼年谱》所载和苏轼交游的人物有 1300 人之多，其中既有大家熟悉的欧阳修、王安石、黄庭坚、司马光等名人，也有史籍中鲜有记载的人物，孔先生都不厌其烦地加以考证梳理。

《苏轼年谱》不仅着眼于苏轼个人生活的微观书写，还以苏轼的事迹为中心，真实反映当时的重大社会政治事件，如王安石变法、元祐更化等，以广阔的视野和多元的角度重现历史。

总之，《苏轼年谱》是一部精深而扎实的年谱力作，视野宏通，考辨细密，处处显露出作者扎实深厚的学术功底和严谨踏实的治学态度，具有填补空白和集大成的意义。该书呈现给读者的，不仅是有关苏轼的详细资料，更包含了大量学术考辨和史料钩沉，是苏学研究的经典之作。

作者简介

张海，四川师范大学文学院副教授，古代文学教研室主任，“巴蜀文学与文化”课程团队负责人，巴蜀文化研究中心研究人员，硕士生导师，文学博士。四川省李白研究会理事，四川省杜甫学会理事，四川省扬雄研究会理事，四川省司马相如研究会理事。

形象的可感性与传记的趣味性

——评林语堂《苏东坡传》

王红霞

经典之书会让人百读不厌，在不同的阶段阅读都会有不同的体验和感悟，林语堂的《苏东坡传》就是一部常读常新的经典之作。

何为经典？我们可以借用美国诗人兼文学批评家艾略特在《什么是经典作品》中的一段话加以阐释：“他们清楚地知道自己试图做什么，他们唯独不能指望自己写一部经典作品，或者知道自己正在做的就是写一部经典作品。经典作品只是在事后从历史的视角下才被看作是经典作品的。”

虽然林语堂在《苏东坡传》自序中说：“我写《苏东坡传》并没有什么特别理由，只是以此为乐而已。”果真如此吗？

《苏东坡传》以时间为线，以大事件为点，还原了一个真实的苏轼，再现了特定时代下的苏轼样貌。童年的苏轼拥有一副“绝顶聪明的幼小头脑”，能写出令人惊奇的诗句；青年时期的苏轼才华横溢，一举高中，名满京城；壮年的苏轼历经丧妻之痛，又几经被贬，宦海沉浮；老年的苏轼炼丹绘画，以旷达的人生态度成为后世人们口中的“坡仙”。

每个人在人生的线段上，总有一些漫不经意的延伸，用以确定存在的真实性。林语堂将笔触深入苏轼的日常生活与内心，尽可能地从生活细节展现苏轼的形象："苏东坡晚年流放在外之时，听说堂妹逝世的消息，他写信给儿子说'心如刀割'。在他流放归来途经靖江之时，堂妹的坟就在靖江，他虽然此时身染重病，还是挣扎着到坟上，向堂妹及其丈夫致祭。第二天，有几个朋友去看他，发现他躺在床上，面向里面墙壁，正在抽搐着哭泣。"

"世事一场大梦，人生几度秋凉"可谓是苏轼多舛人生的真实写照。读完《苏东坡传》，没有读者不心生悲凉之感，因为他的一生足够坎坷。

不同于学术的严肃，《苏东坡传》充满了幽默与有趣。林语堂深谙中国古典笔记小说，将关于苏轼的奇闻逸事融于各个片段，如章元弼因苏东坡而遗弃美妻、苏轼讽逗宰相吕大防、苏轼与佛印智斗等，读来都颇为有趣。正史之外的补充，是对东坡形象的丰满，也增添了本书的趣味。

林语堂提倡"以自我为中心，以闲适为格调"的小品文，这点恰好与苏东坡的精神世界相契合。书中充满机锋的议论，显示出林语堂的散文才能。"我知道敬爱苏东坡的人不会同意我的想法（苏东坡暗恋堂妹）……这事如果属实，并且传到人耳朵里，那些道学家必会谴责苏东坡。""苏东坡自己善于做菜，也乐意自己做菜吃，他太太一定颇为高兴。"这样的语言比比皆是。可以说，书中每一章都是一篇优美的散文。

除此，极具现场感的描绘也是此书的精彩之处。"那栋宅院中，一间屋子墙的正中，挂着一张仙人的画像，画的是八仙中的张果老。婴儿的父亲苏洵，现年二十七岁，正是一生中精神上多灾多难的岁月。他在市场上看见这张画像，乃用一只玉镯子换来。"场景当然是林语堂虚构的，但在虚构中，仍体现出一种传统宅院的真实感，现在四川不少地区的堂屋中仍然挂着画像。

林语堂还对历史进行了深度考察，尽可能还原苏轼所处的时代：一个表面富足、即将雪崩的王朝。如专用一章描写王安石变法，并详细介绍每种法背后的运行机制与实施结果，而此时苏轼仅是变法浪潮下的一位普通官员，时代巨轮轰然向前，历史人物的前途不过是一粒尘埃。

党争也是全书的重要线索，王安石、吕惠卿、章惇，司马光、吕公著、文彦博，新旧派人物轮番登场，影响着苏轼的命运走向。苏轼毕竟是苏轼，他被章惇弹劾几死，章惇被贬，他给其子章援回信："某与丞相定交四十余年，虽中间出处稍异，交情固无所增损也。"在满朝的刀枪棍棒中，苏轼时刻显示出高尚的人格魅力，用以对抗历史的偶然与确定。

同样，林语堂在书中刻画了鲜活的历史群像：家风优良的苏母、"拗相公"王安石、沉静敦厚子由……有些人着墨不多，但林语堂仍以细节描写赋予人物特质。他们共同构成了苏轼所处的时代，成为苏轼生命中的一部分。

由于此书是林语堂用英文写作，再由张振玉先生翻译，语言上体现了现代性特征。许多现代名词出现在书中，如"王安石变法"乃国家资本主义，均输法、市易法、青苗法被林语堂称为"国营企业"，徐州是"大城市""军事要冲"，"安济坊"是公立医院，他评价苏轼是"乐天派""是酿酒的实验者""是瑜伽的修炼者"。

出于散文家的语言自觉，林语堂在书中围绕一个点蔓延开来，将现代观点熔铸书中。他谈艺术的节奏问题："艺术上的所有问题，都是节奏的问题。"他谈苏轼与苏辙的区别："在文学风格上，也有一种差异——就犹如亨利·詹姆斯和威廉·詹姆斯。"他谈苏轼的人道主义精神："人道精神在，宗教即可再兴。"

现代性的语言与古典的东坡结合，优美的古诗与现代的观点交叉缠绕，无疑会产生一种奇异的美学效果。

林语堂自序旅美时"带了些有关苏东坡的以及苏东坡著的珍本古籍"，因此，作为历史人物传记的此书也有考证清晰、文献扎实的特点。仅附录所列文献就有123种之多，包含别集、类书、选本、笔记、史书等多种资料，其中不乏珍贵的宋刻本。

全书在写作过程中充分利用苏轼年谱，采用文史互证法，以具体文献表现苏轼当时的观点、心态。如写苏轼在凤翔时“报复”陈太守，全文录入《凌虚台记》；他给鄂州太守写信，要求改变杀婴恶俗，全文展示《上鄂州太守朱康叔（寿昌）书》。其余诗文列举不计其数，显示出林语堂严谨的治学态度。

“本文正文并未附有脚注，但曾细心引用来源可证之资料，并尽量用原来之语。”正是这些翔实的文献资料，为还原苏东坡形象提供了可靠依据。

林语堂在传记中不止一处表达对东坡的喜爱，那句“以此为乐”便是此书写作的最充分理由。林语堂为何会“以此为乐”呢？他在结尾给出了答案：苏东坡已死，他的名字只是一个回忆，但是，他留给我们的，是他那心灵的喜悦，是他那思想的快乐，这才是万古不朽的。

作者简介

王红霞，四川师范大学文学院教授，文学博士，博士生导师。从事唐宋文学和域外汉籍研究。中国李白研究会副会长、四川杜甫研究会副会长。曾获四川省政府教学成果二等奖、四川省第15届哲学社会科学优秀成果三等奖。

人生若觉不快乐 只因未读苏东坡

——读林语堂《苏东坡传》有感

古人有云

人们常说“文如其人”，从一个人所写的文字便可窥知其内心的隐秘。其实，岂独为文如此，读书亦然——一个人看什么书，大体也能折射出他的曲折心路。

这一年多来，凡是涉及自我心理建设的书籍和文章，都让我着迷。我不仅购回《思想的浮冰》《这个世界会好吗》《少有人走的路》《精进：如何成为一个很厉害的人》这类著作认真阅读，就连网络上的一些“心灵鸡汤”也不放过。如此孜孜以求的背后，全因自己有一个巨大的精神迷思——人们为什么越来越不快乐？

一个偶然的机会，我从自家书柜翻出林语堂著、张振玉译的《苏东坡传》。其书购置日久，白底封面已泛出微微黄色。翻看书的“原序”，林语堂这样描述道：“苏东坡是个秉性难改的乐天派，是悲天悯人的道德家，是黎民百姓的好朋友……是月下的漫步者，是诗人，是生性诙谐爱开玩笑的人。”作者进而说：“苏东坡过得快乐，无所畏惧，像一阵清风度过了一生。”他何以过得快乐？这一下子引起了我继续读下去的兴趣。

纵览苏东坡的一生，尤其是他的仕宦之途，按世俗的眼光看，他哪有什么快乐的资本？他尽管拥有卓越的心智和才华，文绝千古、名重九州，但却屡遭贬谪、历尽坎坷。以时间为序，他曾前后四次跌入人生低谷：第一次，是他面对王安石新政衍生之弊及王安石推行新法的刚愎专断时，仗义执言，连上三书，遭到罢黜，流放杭州。之后，又颠沛流离于密州、苏州、徐州等地。第二次，是他为奸佞小人所害，陷入捕风捉影的乌台诗案，入狱四个月又二十天，差点丢了性命。第三次，是他幽居黄州时，“廪入既绝，人口不少”，吃了上顿没下顿，不得不“于郡中请故营地数十亩，使得躬耕其中”，由众人仰慕的士大夫化身为“垦辟之劳，筋力殆尽”的农夫。第四次，是在宋哲宗即位后，他及所谓的元祐党人都以破坏先王德政之罪再遭贬谪。这一次，苏东坡被流放岭南惠州，后来更是被远谪到海南岛——彼时的中国本土之外。按他的话讲，那里“食无肉，病无医，居无室，出无友，冬无炭，夏无寒泉”，“大率皆无尔”。特别是每逢秋季，岛上多雨，自广州、福建运送食粮的船只停航，时常面对饥饿，不得不煮苍耳为食，甚至想出“食阳光止饿”的办法。

每每读至苏东坡身处困厄，都不禁怆然欲涕，深深为之鸣不平。一般的人，如像苏东坡那样屡屡遭受不公甚至迫害，大体很难保持平静，更不用说快乐了。即使不凡如王安石，在其失意的晚年，亦变得凄苦抑郁，对人非常怀恨，常常“喃喃自语，有如狂人”。但苏东坡不这样，他任由风浪滔天，终生不改进取、正直、悲悯、乐观、旷达的本性，随意挥洒，进退自如，硬是把常人眼中的苦活成了诗。

支撑苏东坡快乐的，首推其富足的内心。他以超凡的洞察力、感悟力和想象力，总是能从寻常万物中发现别人见不到的美。

当年，他幽居黄州，寄居临皋亭。这本是一座普通驿亭，但在苏东坡眼里，却成了“风涛烟雨，晓夕百变”的绝妙之地。每每酒醉饭饱，他喜欢倚于几上，看“白云左绕，青江右回，重门洞开，林峦岔入”，过着“若有思而无所思”的神仙日子。他“去年东坡拾瓦砾，自种黄桑三百尺”，看到枝头冒出了新芽，会欢喜得像孩子般跳起来，感到得意而满足。他甚至不乏淘气，在被钱勰请吃了一顿“三白餐”（白米饭、白萝卜、无色汤）后，以空空如也回请钱勰，美其名曰“三毛餐”（毛米饭、毛萝卜、毛菜汤，“毛”通“没”）。如此精神自给自足之人，有什么困厄能对其构成囚禁？

这种内心的富足，源于对生活本质的深刻洞察。苏东坡曾写过一篇论“乐与苦”的短文：“乐事可慕，苦事可畏，皆是未至时心尔。及苦乐既至，以身履之，求畏慕者初不可得，况既过之后复有何物？”其大意是说，所谓“乐”与“苦”，不过人们事先的臆测罢了，等到事发皆不过尔尔，并终将消匿无痕。为此，他一直崇尚“俭素”之道，奉行“安寝无念，神气自复”的养生之术，过着“任性逍遥，随缘放旷”的快意人生。他给别人开出的长寿良方，只有短短四句话：“无事以当贵，早寝以当富，安步以当车，晚食以当肉。”展现出的节制和单纯直抵生活本真，让人心动神往。

苏东坡生活上的“俭素”投射到他的仕途上，便是不计利害谋算，始终保有一颗“天真烂漫的赤子之心”，崇尚“猿吟鹤唤本无意，不知下有行人行”的率真。纵使卷入政治旋涡之中，他依然“光风霁月，高高超越于蝇营狗苟的政治勾当之上”。古往今来，精于权术者众矣，然善终者几何？苏东坡告诉我们，至简方为大道。《菜根谭》开篇也给出了同样的答案：“栖守道德者，寂寞一时；依阿权势者，凄凉万古。达人观物外之物，思身后之身，宁受一时之寂寞，毋取万古之凄凉。”

大道至简，但非无为。苏东坡淡泊名利，却醉心于自己热爱的事业，干得轰轰烈烈。他的文学造诣自不消说了，作为北宋中期文坛领袖，其文纵横恣肆、清新豪健，开创豪放一派，留下《赤壁赋》《题西林壁》《饮湖上初晴后雨》《水调歌头·明月几时有》等千古名篇，在我国璀璨文学史上独领风骚。

他还善书画，尤擅墨竹、怪石、枯木等，强调“合于天造，展于人意”，追求内在精神与外在形体的和谐统一，成为文人画派的掌门人。

鲜为人知的是，苏东坡同时是一名充满奇思妙想的工程师，他主政徐州、杭州、惠州时，修筑防洪长堤，疏浚运河盐道，建设西湖苏堤，并撰写了《熙宁防河录》《禹之所以通水之法》《钱塘六井记》等水利著述，与大禹、西门豹、李冰等并列国家水利部公布的第一批“历史治水名人”。这些真正有价值的成就，给人以满满的意义感和崇高感，充沛的快乐由此而生并接续不断。

苏东坡的快乐，离不开民胞物与的精神。他虽屡遭人陷害，却并不怀恨于心，显示出非凡胸襟和气度。最为典型的例证，是他与“拗相公”王安石政见相左，遭其罢黜，可他在从黄州谪迁汝州的路上，仍专程去看望了已垂垂老矣的王安石。历经岁月淘洗，他“愤怒与苛酷的火气全无，只剩下安详平和与顺时知命的心境”，按他写给其弟子由的话说：“吾上可陪玉皇大帝，下可陪卑田园乞儿。眼前见天下无一个不好人。”在大爱的引渡下，苏东坡实现了与自我、与他人、与世界的全面和解，进入“回首向来萧瑟处，归去，也无风雨也无晴”的人生至境。

从更深层面来讲，苏东坡的快乐得益于儒释道的共同滋养。林语堂认为，儒家正视人生，佛教否定人生，道家简化人生。三者各有长短，苏东坡杂糅萃取，既怀有“会挽雕弓如满月，西北望，射天狼”的儒家豪迈，又抱持“驻景恨无千岁药，赠行惟有小乘禅”的佛家敬畏，还具备“阴晴朝暮几回新，已向虚空付此身”的道家空明，形成自己混合的人生观。有此指引，凡事皆能自洽，外界再难侵扰，快乐自可亘续。

张炜的东坡情缘

——读《斑斓志》

刘川眉

2020 年 7 月，人民文学出版社出版了张炜的新作《斑斓志》，这是一部关于苏东坡的讲座集成。

当代作家、中国作家协会副主席张炜以十数年深研之功，兼诗学、写作学、文学批评、作品鉴赏、历史钩沉及社会思潮溯源之综合探究，力避陈言俗见，直面东坡文本。全书分七讲并 120 余题，每题必有独见，每见必得服人，呈显出作家独有的思想深度与文章才情。

为什么要讲苏东坡？要写苏东坡？张炜如是回答："有关苏轼的文字太多了。现当代这方面的文字，从林语堂的那本传记出来以后，苏东坡的基本精神面貌及其他，包括学术上的大致走向，也就在某个层面上形成了。苏东坡作为一个形象，在人们心目中是相当固化的。当然，许多出色的苏东坡研究也出现了。我不是，也不想写一部苏东坡的传记文字，更不是写一般意义上的学术文字。一个当代写作者对一个古代写作者的全面接触，包括通常意义上的学术及其他，都要以自己的方式表达出来。读作品最终还是读人，苏东坡的全部文字都通向了他这个人。"

书名为何叫《斑斓志》？张炜解释："这是其中一章的题目而已。斑斓这个比喻其实很直接，因为苏东坡的人生，比其他诗人更加呈现出斑斓多彩的特征。他和一般人的确是大不一样的。看看他一生做下的事情、达到的水准、踏入的方向，都会有这样的感叹。这个人的确太丰富、太有趣了，绝不贫瘠。有的诗人或艺术家，或生活中的其他人，也很专注、很深入，但就多姿多彩这一点来说，还远不足以使用‘斑斓’二字。有人可能觉得这个词用到其他人身上也勉强可以。不，用到苏东坡身上才最为贴切。”

身为作家，张炜写作之余最大的爱好是阅读。自然，包括对苏东坡的阅读和关注。张炜非常喜爱苏东坡，但这种爱，并非满足于古今流传的关于东坡的通俗故事，或是人见人爱的所谓“旷达苏观”的性情之类。爱苏东坡，就要懂得苏东坡。

要真正懂得苏东坡，张炜认为：“最好的办法就是深入阅读苏东坡，读他所有的文字。”他要求自己“除去他人无数的描述和研究之外，我还要将其诗词及策论诏诰等公文全部读过”。他感叹：“真正进入（东坡）浩瀚的作品才发现，以前自己有关诗人的印象与认知是多么肤浅，他对我而言基本上算是一个‘熟悉的陌生人’。”

张炜不仅阅读了东坡大量的文字，同时对东坡的遗迹遗址也饶有兴趣，曾两次造访东坡老家眉山。

2008年9月，刘小川的《品中国文人》研讨会在眉山召开，张炜来了。他是应上海文艺出版社副社长、《小说界》主编魏心宏之约，专程来参加小川的研讨会的。研讨之余，除为眉山文艺界做了一场传统文化讲座外，还专门拜谒了苏东坡的故居三苏祠。

2011年8月，张炜450万字的巨著《你在高原》荣获第八届茅盾文学奖。12月25日，张炜再次来到眉山。在远景楼上，张炜侃侃而谈，谈写作、谈人生、谈环境、谈苏东坡……望着楼下的东坡湖和对岸的东坡岛，张炜道：“眉山城市不大，人口也不多，满城青绿，有一条清澈的岷江和一汪美丽的东坡湖，更有一个苏东坡，这是一座有文化底蕴又令人心旷神怡的城市，是很多城市无法比拟的。”

第二天上午，张炜来到三苏祠。他说，每到一次三苏祠，他的“武艺”都要增长许多。

在三苏祠，张炜一边认真听导游解说，一边看得非常仔细。在苏宅古井前，张炜俯下身察看良久，似乎想要寻觅东坡当年的身影，还兴致勃勃地与同行合影留念。在东园的明代东坡盘陀画像碑前，端详着碑上据说是东坡的真面容时，他说，古人真是高明，寥寥几笔就把人物勾勒得栩栩如生，且非常有个性，有特点。今天的人们往往把圣贤面孔塑造成千篇一律的英雄形象，使其失去了个性，结果适得其反。

三苏祠负责人请他题词，他欣然捉笔，题了“三苏纪念馆”五个大字，三苏祠回赠他一幅蜀绣——张大千的《东坡笠屐图》。

下午，在岷江东湖饭店宏图府，张炜作了题为《数字时代与东坡文化》的演讲。张炜不仅非常能写，而且非常能讲。历时两个钟头的演讲，张炜始终面带微笑，话语如清泉出山一样从容自然，又如珠落玉盘一般脆响悦耳，不时博得全场由衷的掌声。

令我没想到的是，离开眉山仅八年，张炜便向网络时代的东坡迷们捧出一道诗与思的盛宴《斑斓志》。书中有不少独特视角下的振聋发聩，有不少独辟蹊径中的深思别悟，有不少独树一帜的真知灼见。

比如，论说东坡的政治立场：“他既不是保守派也不是改革派，而是一个求真派和务实派。”比如，对东坡“眼前见天下无一个不好人”这句话，他别解道：“如果说我们从这里读出了诗人的宽宏大量，还不如说读出了诗人对于人性的极度绝望和无望。”比如，对一些业已固化的套语，他认为：“苏东坡哪里仅仅是什么有趣和好玩？又哪里仅仅是什么有才和乐天派？他经历的爱欲洗礼，他在苦海里的浸泡，他的韧顽和软弱，我们作为读者还需做好全面接受的准备。”

毫不夸张地说，《斑斓志》对苏东坡的解读，调动了张炜丰富的生命阅历和体验。他站在人性和诗思的高度，从各个层面观照苏东坡，真正是一次接通千载的幽思，一次打通古今的有益尝试。

作者简介

刘川眉，四川眉山人。中国苏轼研究学会理事、四川省作家协会会员、眉山市三苏文化研究院特约研究员。著有纪实散文集《历史·山川·眉山人》、小说散文自选集《祖父和他的城市梦》、诗集《刘川眉诗选》、长篇历史人物传记《眉山苏洵》、长篇历史小说《豹变：苏洵大写意》、历史人物评传《品中国神童》、报告文学《物流大中华》等。

行走在苏轼的世界里
——《朝苏记》述评

刘俞廷

《朝苏记：行走在苏轼的世界里》是于坚跟随苏轼行迹而写的一本随笔散文。

于坚踏上苏轼曾经生活的城市，希望通过踏足苏轼曾踩过的土地来消弭近千年时光的间隔，借此更贴近苏轼的生活和人生。如于坚在书中所说："圣人不是从天而降的超凡绝世的不可见者，只可想象虚构的无形者，大地上总是可以找到一条路，直抵圣人出处。"

这本书想要呈现不同于一般著述中讲述著名历史人物时的宏大叙事或宏观视角，而是更关注古往今来中稀松日常的生活场景，一条河，一场雨，一碗菜。于坚遇到了，苏轼也曾遇到过。作者通过历史遗迹的犄角旮旯，感受与苏轼相关的蛛丝马迹；更是通过探寻苏轼人生的起落曲折，体味生活以及拷问自我："再次思考，我们是谁，来自何处，要到哪里去。"

这段朝苏之路并非按照苏轼人生轨迹一一追寻，而是从开封开始。开封是太平风流的北宋都城，年轻的苏轼在那座城市开启了蜚声天下的人生，也在那里遭遇了人生的重大转折。乌台诗案在苏轼人生中的重要性毋庸置疑，于坚围绕着乌台诗案，探寻其发生的前缘与后果，抽丝剥茧地呈现了苏轼的成长经历与性情志向是如何领着他走向遭遇乌台诗案的命运。

从表面看，这场事故是苏轼因“谤讪朝廷”而入狱，并开启了后来曲折的仕途经历。在等待宣判期间，御史台官员舒亶用数月之久，研读苏轼诗文，找出苏轼“包藏祸心，怨望其上”的证据。这是将诗等同于事实，对美和善的追求被道德和政治的尺度衡量。

在于坚看来，当时的两党之争只是表象，实质是苏轼追求的“甚美”世界观与实用主义世界观的冲突。苏轼与王安石固然政见不一，但更批评王安石致使“文字之衰”，即使王安石本人的文字并不“衰”，而苏轼追求“止于至善”“达则兼济天下”。

文化实用主义、本本主义兴起，诗性式微，苏轼试图力挽狂澜。然而，文政合一的形势，使苏轼的理想受到阻碍。如果苏轼不是生于对文化尊崇的时代，便不能在乌台诗案中保全性命。苏轼艺术化的生活，对人生的“不执”，与政治的“固执”“我执”始终相冲突，在新党失势后，苏轼认为新法“不可尽改”，便再次被贬黜。

于坚抱着朝圣心情展开旅程，必然会期待产生连接和感应，书中有很多古与今的连接。虽然当时的许多场景已不在，但也有可供寻访和联想之处，如相国寺香火依旧旺盛，开封铁塔依然矗立。在苏轼的出生地眉山，如修缮三苏祠墙壁依然使用代代相承的黏合剂，而不使用水泥。三苏祠也如作者眼中看待苏轼一般，它不像世界上其他圣殿追求神圣庄严宏伟，而是茂林修竹、花繁叶茂，充满了世俗生活的气息，一墙之隔便是眉山普通人家的日常生活。

作者与苏轼和苏轼留下的痕迹随时都在互动。在去岷江干流玻璃江的蟆颐山上，于坚遇到了白衣布鞋、飘然而至的道士。道士请他们上座，共饮百年茶砖，饮完茶，拱手而别。于坚想到了苏轼《后赤壁赋》中那位羽衣蹁跹，问他“赤壁之游乐乎”的道士，想到宋代时万物有灵的观念及其在今天的残留。相传蟆颐山上是苏洵求子的地方。苏轼父母墓地的守墓人说他是苏轼第一粉丝，天天都守着他。黄冈的苏学专家王林祥，自号赤壁山人，有时会站在赤壁后面的树林里吹箫，因为“苏东坡听得见的”。

当于坚在杭州与其他诗人不期而遇，虽素昧平生但一见如故，玩赏游宴。想起在杭州时的苏轼，于坚感慨：“今日诗人之间的交往，差不多还是这样。”

作为诗人的于坚，有对诗的敏感细腻。乌台诗案后，苏轼被贬黄州、惠州与儋州等地，创作了大量流传千古的作品。被贬到不同地方时，苏轼除挖掘当地生活中的美好处，也尽力为民做实事。

对苏轼的贬谪流放生活，不同于常见探讨中苏轼一路南行的艰难险阻，于坚反而认为“只不过是下野，归隐”。到了黄州的苏轼，反而摆脱了案牍劳形。等再贬惠州时，已经完全不在意了。因为没有人要改造苏轼的世界观和价值观，作为诗人的身份并没有改变，甚至创作出了更伟大的作品，同时依然被读者顶礼膜拜。

作为四川人，于坚说：“四十多年来，朝拜苏轼的故乡一直是我的夙愿。”回到故乡，追慕从故土走出的圣人，并在朝苏之旅中见到那些同样喜爱和崇敬苏轼的人。

除了感性的诗人视角，作为学者和古代文化的研究者，于坚对古典文化知识信手拈来。诸如古代文人身份的变化、文学与政治的关系、文与道的互动、苏轼与友人的交际、律诗的发展变化与长短句的起源、苏轼对王阳明的影响，等等。书中引用了宋代的众多笔记、苏轼和其他诗人的诗文等文献记载，以及今人的学术研究成果，以期更多维地、细致地展现苏轼的生活、心态和后人对苏轼的景仰。行文中常夹叙夹议，谈论着诗人和文学，以及那些古老的旧梦。文辞深入浅出，并不做专门的学术考究。

尽管这一趟朝圣之旅尽力挖掘跟苏轼相关的点滴，但此书依然尽量去展现一位热爱生活的可爱之人，他的日常生活，赏玩山水、呼朋唤友的活泼生动，遭遇困境的心态，抑或是尺牍中常见的“呵呵”……时光洪流凶猛庞大、势不可挡。文明发展一往无前，虽然无法重返苏轼诗文中的世界，但苏轼追求的尽善尽美，在今天依然深得人心。

作者简介

刘俞廷，山东大学文学博士，四川师范大学中华传统文化学院、巴蜀文化研究中心助理研究员，硕士生导师。主要研究方向为唐宋文学、辞赋学、古代饮食文化。出版专著两部（一部合著），在核心期刊发表论文多篇。

一次穿越的旅行

——读衣若芬《陪你去看苏东坡》

周裕锴

收到衣若芬著的《陪你去看苏东坡》，拆开粗翻一下，便觉趣味盎然。用通俗的话来说，叫图文并茂，雅俗共赏。再细细拜读，引起更多共鸣，因为书中有几处东坡遗迹，我曾陪作者一道去过，甚至有几幅照片，如三苏祠东坡盘陀像、黄州安国寺、梅岭古道、王朝云之墓，是我看着她拍的。

作为一个女性学者，穿越近千年的时间距离，去体验想象一个伟大灵魂一生留下的足迹，这本身就具有几分传奇色彩。何况，作者的身份又远非女性学者所能局限。据我所知，她是一个作家型的学者，或者说是学者型的作家，早在二十多年前，我就拜读过《衣若芬极短篇》小说集，其中一篇《黑雨伞》，给我留下极深的印象。

1997 年中秋，在眉山三苏祠，我与她相识。此书中她写到那时经历的细节，我完全不知，只记得在三苏祠赏月时各国学者的歌声。此后，又与她多次在宋代文学会和苏轼研究会上见面，每次都会读到她独具一格的学术论文，视野开阔而文笔细腻，尤长于艺术分析。无论是北宋的《西园雅集》，还是东坡的赤壁之游，她都能游走于诗词文赋予书法绘画之间，寻找艺术的真谛和学术的突破点。

衣若芬老家在山东，生长在台湾，曾在美国斯坦福大学、韩国成均馆大学等知名学府任客座教授，精通英文、韩文，对海外汉学了解很深，在东亚汉文学和文化交流方面做了不少工作。她近几年一再提倡的“文图学”研究，就是国际汉学界最新研究动向影响的结果。最重要的是，她是苏东坡的超级粉丝，这本《陪你去看苏东坡》，可视为她“文图学”理论的游记性的实践，更可视为她与东坡之间相隔近千年的灵魂对话。

本书所提及的苏东坡遗迹和诗文词，我都很熟悉。然而，同去过的地方，于我已是雪泥鸿爪，杳然无踪；而于若芬女士，却是人生路上一处处充满心灵体验的刻痕，一个个美丽的痕迹。这本书全面展现了她多年来追寻东坡足迹的历程。

全书分为“天涯”和“海角”两部分。从叙事角度来看，“天涯”似是一个纵向串珠式的历史叙述：从东坡出生地眉山，到辞世处常州，其间除去东坡为官的开封、诸城（密州）、杭州、徐州、定州以及贬官的黄州、惠州、儋州外，还有东坡曾经路过的乐山（嘉州）、重庆（渝州）、三峡、武汉、镇江、赣州（虔州）。作者如一个知识丰富、妙趣横生的导游，带领读者跟随东坡走遍小半个中国。而“海角”则近似横向的散点叙述，收集了作者在海外教学研究中与东坡相关的故事和感悟。

我同意美国汉学家艾朗诺教授的评语：“这是一本了不起的书，一场值得细细品味和享受数小时的盛宴。”在阅读过程中，我有类似的感受。苏轼的形象和作品，在书中常以意想不到的方式展开，比如东坡长得怎样？苏轼心目中的英雄是怎样的？何处是东坡？这很容易引起读者的好奇心，答案却来自文献解读——苏轼兄弟的诗文和历代画像、法国《世界报》的评选标准以及作者的实地考察。

比如领会东坡《记游松风亭》“此间有什么歇不得处”，是在小三峡大宁河历险的感悟；而对东坡《洞仙歌》四种材料和看法的评判，以及对

“自清凉无汗”的艺术分析，则来自武汉大暑天闷热难眠的联想。当然，还有“东坡没吃过东坡肉”从杭州餐馆广告说起，而考证《猪肉颂》的真伪；“韦陀菩萨站或坐”从明清的民间信仰联系到黄州安国寺的菩萨，以及东坡的《应梦罗汉记》。如此种种，皆娓娓道来，而引人入胜。

这本书了不起之处，在于它呈现出多重性质，既是一本生动活泼的旅行札记，又是一本深入浅出的学术随笔，同时也是一本才华横溢的抒情散文。我很钦佩若芬女士对山川地貌、民俗风情的准确描写，能非常自然地将眼前所见的场景，与东坡诗文中的描写无缝衔接，同时加入自己“到场”的体验，从而超越时间距离，做到与东坡“精神融合”。

这种“精神融合”，传统学者都是从古人诗文集的阅读理解中获得，而她则结合“行万里路”的实践，所得更加鲜活可感。如“金山寺雨中闻铃”那种现场感，让读者感到东坡与佛印的禅机飘然而出，这与书斋里的理解大为不同。

若芬女士的海外经历使得本书具有一种独特的视角，这在“海角”部分更为突出。“东坡先生，生日快乐”提及法国《世界报》、日本寿苏会，“疗愈安抚系之苏东坡”讲到新加坡出版工作者的父亲弥留之际的故事，“我不要你死”叙及与新加坡中文系学生之间的对话，从不同侧面展示出东坡文化的世界性影响。至于“东坡鸡汤”指出纪录片《苏东坡》“使得说明的叙事性加入了展示的视觉性”，则体现出作者“文图学”研究的眼光和思路。

鉴于与作者的多年友谊，我特别有感于“很高兴你在这里”一文，其中提到与美国汉学家唐凯琳的初次认识和最后告别，我都在场。2018 年眉山东坡文化国际学术高峰论坛上，恰好唐凯琳、若芬和我做了主题演讲。那是唐凯琳身抱沉疴专程到眉山来与东坡告别。读到此文，我不禁黯然神伤，永诀的场景犹历历在目。

若芬的文笔总是冲淡平和，然而其中包含的情味却耐人回味。“毛巾煎饼”也是我喜欢的一篇，不动声色而又略带调皮的笔调，却蕴藏着父亲浓浓的乡愁和女儿对中国文化抹不去的眷恋。

本书中有不少对东坡作品的精彩解读，诚如艾朗诺教授所说：“它不仅显示了作者理解苏轼的深度，还显示了作者对学术写作的开放态度：将专业知识提供给学术界以外的读者的才能。”而我要补上一句，本书是作者一次穿越的旅行，她循着历史的足迹找到了东坡，成为他的朋友，并让他在今天复活。

作者简介

周裕锴，1954年生，成都人。四川大学二级教授，博士生导师。国务院特殊津贴获得者。任中国苏轼学会会长，中国宋代文学学会副会长，《文学遗产》、人大复印资料《古代近代文学研究》等编委。从事宋代文学、禅宗文学、中国古代阐释学研究。

人生到处知何似

——读《苏东坡新传》

林颐

近读李一冰（1912—1991）作品《苏东坡新传》，夜不能寐，通宵达旦，为之痴迷，为之嗟叹。屡屡心旌摇曳，遥想东坡先生的魅力，千载月华，如何照亮后来人们的生命？

写苏东坡者众，真解人有几个？沉默如李一冰，若无《苏东坡新传》，有谁识得他？

冥冥之间，人与人真的奇妙，一本好的传记和传主之间会形成怎样的关联呢？

《苏东坡新传》甚好，且不说正文，极少有序跋，动人如斯。学者张辉诚偶遇此书，感动万分，多方寻找作者。后经友人搭桥，与李一冰之子李雍鱼雁往来，得悉作者身世与撰书的缘由。

彼时，李一冰为友中伤、身陷囹圄，于狱中遍读东坡，落笔成章，积年累月整理修改，一腔心血付诸其中。

李雍借刘鹗《老残游记》说："天下至性至情的文章都是一种哭泣：《离骚》是屈大夫的哭泣，《史记》则太史公之哭泣，《红楼梦》是曹雪芹的哭泣。如是，《苏传》便是父亲的哭泣。或许这是命运的定数，天降大任的道路必须如此酷烈。”

这部传记遵从线性书写惯例。但据李雍说，真正的起笔从黄州始，方才补缀前后。贬官黄州，是苏轼遭遇的第一次大挫折。苏轼作《卜算子》云：“惊起却回头，有恨无人省。拣尽寒枝不肯栖，寂寞沙洲冷。”人常赞词意高洁，李一冰却说此乃“忧患之词”，如惊弓之鸟的惶惑和孤独。有谁忽被羁押能不感忧虑呢？他领会他的心境，他是他栖息的寒枝。李一冰随后又道：“人须有所不为而后才能有为，这是一个自由人所必须具有的品格。”这是他对苏轼品格的颂扬，也是他要坚持的价值观念和精神自由。

黄州生活是艰难的，因俸禄微薄，连饱腹也成问题。垦荒造房，不只是为了温饱无虞，更是为了“力耕不受众目怜”。人生不幸，能消解而得幸者，那一定是智者。

被贬黄州，事功之途堵塞，苏东坡就另外开路，把心灵寄托转移到大自然，“东坡”“雪堂”成了黄州诗文常见的题材与词语，《东坡八首》记录农人劳动，追溯陶渊明的隐逸情致而又自成豁达境界，一阙“大江东去，浪淘尽，千古风流人物”，更是彪炳千古，浩气爽朗。

苏东坡珍惜身边的亲人，珍爱日常生活的美好。他爱护妻儿，兄弟和睦，待朋友以真诚，心有慈悲，视万物生灵为友朋。

他从不怨天尤人，恪尽职守，贴近民间，懂得汲取经验，为百姓引水固堤，排忧解难。苏东坡既受到了忠厚刚正的家风的熏陶，又接受了先秦儒家仁者爱人、民为邦本的思想传统，更在长期贬谪的遭际里，真切地体验了人世冷暖与生活甘苦。不论穷达，始终心系国事民生，处处无家又随处为家，深于情而不耽于情。在苏东坡这里，“小我”与“大我”达到了高度的和谐。

苏东坡的思想，以儒学为根底，而杂以佛、老，故冲和简澹。苏东坡襟怀高旷，既不像司马光、王安石之偏执，也没有道学家如程颐等人的拘束，不管身处何地，都能调整身心，呈现宽博大度的气象，为人天真坦率、放言无忌，文名声望俱隆，所以深为小人惮，而屡遭迫害。乌台诗案，几被置于死地，此后屡起屡跌，皆是因小人嫉恨。

大半人生抛掷路途，携家带口奔忙宦海。晚年时贬谪儋州，素极荒莽，疾病无医药，居处无房屋，而东坡处之泰然，从不做迁臣穷戚之态。

作为新旧党争的牺牲品，君子不立危墙之下，他何尝不清楚？可是，他一再搁置归返田园的梦想，入世又超世，执着于现实人生，又超然物外。

这种超越传统的人生选择和人格范式，所传递的生命光泽，穿透历史的层层黑幕。

这部大传70余万字，写得极细致，紧扣诗文与经历，交错分析。

它不是文论，没有学究气，也绝非那种隔阂的局外人的淡漠观察。李一冰把自己的见识和情感都放了进去，那是一颗心灵对另一颗心灵的回应。

在那些逼仄的日日夜夜里，是苏东坡的诗文拓宽了他的世界，引领他突围，安顿身心，解放桎梏，叩问命运的无常，构建自身的存在。

这真是："人生到处知何似，应似飞鸿踏雪泥。"

作者简介

林颐，书评人，撰稿人。作品见于《羊城晚报》《南方都市报》等报刊。主要方向：历史、人文、社科、科普。

《品中国文人·苏东坡三百篇》艺术探微

孙文华

《品中国文人·苏东坡三百篇》是作家刘小川的最新力作，是刘小川对苏东坡的又一次倾心抒写。每篇皆用一句核心语作标题，内容长短不拘泥化一。作为资深苏学专家及中国传记文学的革新者，刘小川自是剪裁潇洒自如、游刃有余，能从宏阔处思，又能于细节处见功夫、见眼力、见笔力。本文拟就其艺术特色作一浅析。

方言俚语 生趣盎然

在《苏东坡三百篇》里，大量方言俚语的运用，使行文生趣盎然，同时也更好地表现了这方土地上人物的禀性气质、精神风貌。如《费头子·黄荆条子》中的“费头子”，类似于普通话中的“调皮娃”“捣蛋鬼”。在眉山，特别是乡下农村，大人训斥小孩，多喜用“费头子”，很少用调皮、捣蛋之类语。

“苏老爷子来找儿子，喊：三娃儿哩，你狗东西钻到哪儿去了哦？你狗东西哦！”一句俚语，入情入境、生趣十足地将大人东找西寻自家小孩而不得的嗔怨情状再现了出来。

再如《不发宿藏》中写苏家后院发现宝藏，人们争先恐后去看宝，作家如是写：

有人一面小跑，一面扭头开玩笑：吃啥子早饭哦，快点去看宝，看宝就看饱了。

眉山人看热闹高兴了，常说：看饱了看饱了……

苏家发现宝，财宝归谁要？眉山后生念经似的唱：鸡公鸡婆叫，各人找到各人要。

除使行文生趣盎然，也更好地活画出了东坡故乡人的诙谐。倘另行用笔，行文定大打折扣，失色不少。

想象描摹 真实鲜活

《苏东坡三百篇》极善想象描摹。如故事《三种光》中“苏家点灯开会”一幕。

苏序伸出三个手指头，说：三种光。

进士苏涣会心一笑：父亲是说日月星。

后来苏东坡有得意对联：三光日月星，四诗风雅颂。

苏序摇头，依然晃悠他的三个指头，又说：三种光。

苏洵叫苦：父亲，儿子都快急死了，您就别卖关子啦。

……

苏洵顿时大激动，扑通一声给老父亲跪下了，叩谢如捣蒜，哪管石板硬头皮软。转忧为喜的程夫人含了热泪，寻思典当她的最后一只和田玉镯。

读着，丝毫不会觉得这是作家天马行空的一厢情愿，反倒觉得非常真实。在当时的节骨眼上，苏序是极有可能召开了这么一次家庭点灯会的，绝不是子虚乌有。

再如《大喜之时忽然大悲》写东坡高中进士后有一日在兴国寺的菜园子散步，注目牡丹，想到了母亲。作家如是写道：

程夫人原本是一朵富贵花。程家是眉山首富……

菜园子起了一阵风，牡丹花失颜色，花瓣飘零。苏轼忽然来了一股心痛。

牡丹花开未几日，风也不大，为何她突然凋谢？无端心痛，是何征兆？

夏末，眉山传来噩耗：四月八日，程夫人已病逝于纱縠行老家。

艺术来源于生活又高于生活，历史是否真这样我们不得而知，只觉得作家刻画的这一场景很真。一个优秀的作家，绝不会在他的作品里想当然地胡编乱造，即便虚构也会让人觉得非常真实。

善于裁选 驾轻就熟

蹩脚的工匠不善裁选，捡了芝麻丢了西瓜，眉毛胡子一把抓。刘小川极善裁选，驾轻就熟。

如写苏东坡的少年时光，便抓住他作为“三好”学生，抓住他“好玩，好吃，好学”来展现，让我们看到一个鲜活、饱满、栩栩如生的少年苏东坡形象。同时又启人深思：这样的“三好”，才是一个人该有的童年，才是快乐幸福的童年，才是符合儿童天性的童年。

如写王弗，抓住她“敏而好静”的特点，写她是东坡贤内助，善识人（如章惇、张璪），在凤翔阻止东坡挖掘前人埋藏的丹药，将王弗形象深烙在读者心中。

注重独创 举重若轻

别的写东坡的书，大同小异的多，鲜有让人耳目一新处。《苏东坡三百篇》则不然，独一无二，全新抒写，全新创造。人无我有，人有我优。《苏东坡三百篇》让人读到在其他东坡传记中鲜有读到的东西，这充分证明了作者的另一个身份：资深苏学专家。惟其研究得深、研究得广、研究得透，方能信手拈来。

作者写苏轼高中进士后，连写了《苏榜眼被人捉走了》《欧阳修差点挨打》两个故事，让人扩大了见闻，增长了见识。

《苏轼尚未做官，先已为民请命》写东坡第一次丁忧期间，上书龙阁学士、益州太守王素，上书未果又走马成都，终使王素减轻了盐、茶、酒、绢等基本生活物资的赋税，数以百万计的蜀人终受其惠。很多故事内容，都是它书所未曾见识过的。

善写细节 神韵毕现

小威廉·斯特伦克在《文体的要素》中写道："所有研究过写作艺术的人都会同意这一点：要引起读者注意并让其保持注意，最有效的办法就是让写作细致、确切和具体。最伟大的作家的写作……之所以有效力，很大程度上是因为他们善用细节，很好地处理了那些重要的细节。"

《初见欧阳修》中写苏洵在二子中举后，怀揣张方平的推荐信去拜见欧阳修，刘小川如是写道：

苏老泉恭呈二十篇精心挑选的文章，其中有《六国论》。欧阳修坐着看，渐渐坐不住了，他站起来走着看。老泉一时紧张，鼻尖冒汗……

苏老泉心跳如鼓。欧阳修在家里悠悠散步，走到了书房外，又慢吞吞走回来。

欧阳修捋须自语：好你个方平老儿……

苏老泉紧张得全身汗毛皆竖，鼻尖淌汗如雨。欧阳修先生这半句话是何意？莫非嘲笑张方平眼拙？

……

决定命运的时刻啊，苏老泉要晕过去了。

欧阳修转身向苏洵，点头笑道：张侍郎果然好眼力，不减当年啊。

苏老泉舒出一口长气，默念阿弥陀佛，谢谢西方佛祖。

把苏洵彼时可能的情形写得活灵活现了。

细节之所以重要，还因为它能暗示故事情节的发展。契诃夫曾说过一句名言："如果在第一幕中，一支手枪被放在了一件斗篷上，那么它必然会在第三幕中射出子弹来。同样，当一个故事交代了新的细节，或是描写得更加具体，那么它可能在暗示故事人物的变化或情节的发展。"

在《苏洵急了，冲风冒雪跑到郑州去》中，写苏老泉由兴奋而亢奋，分别上书政府首脑和军事副首脑，指点他们应当如何执政、如何治军：

他希望凭借欧阳修的力荐，不试而官。宰相富弼传话："此君专门教人杀戮立威，如何要得官做！"

苏洵一听，大叫惨也惨也……当天夜里，汴京下起了鹅毛大雪，可怜的苏洵，骑马奔向一百多里外的郑州，迎见返京的张方平张侍郎！一座靠山不行，要有两座靠山……出郑州十里许，有导骑从东来，惊愕下马立道周……已过，乃敢上马徐去。

写人叙事 文字节俭

作者在自序中表达了对传统写人叙事风格的推崇，并说："《世说新语》

对我启发大，一个字要抵三个字用。”读《苏东坡三百篇》以及作者的其他作品，皆可以看出传统写人叙事对作者的深远影响。

《苏东坡三百篇》写了一系列人物，如马梦得、陈希亮、张璪、章惇、陈季常、孙固、吕诲、刘贡父、范镇等，皆用节俭的文字活画出人物的风貌、神韵，将人物写得神采飞扬：

马梦得的马背功夫了得，腾空而起翻跟斗，眨眼间，人又贴在了马肚皮。小儿拍手笑，王弗与丫鬟相顾莞尔……

过宝鸡县，马梦得谈起宝鸡的来历，讲得趣味横生，他又学公鸡叫，惹得村舍的公鸡将黄昏认作天欲晓，纷纷叫起来……

马梦得追随苏东坡，一追三十年。（《马梦得》）

苏东坡与陈希亮，活像两只碰到一起的公鸡。

……

府吏们一口一个苏贤良，陈希亮黑着一张瘦脸。

……

于是，两只公鸡面对面了。眼睛在打仗。少顷，苏东坡掉头便走。

……从今以后，谁敢叫一声苏贤良，我这马鞭子要见血。（《陈希亮》）

再如《王安石几乎不洗脚》中，“介甫终席不饮，包公不能强”，“韩琦貌美，余一无可道”。《皇帝目视王安石良久》《王安石丁母忧，青灯黄卷九百天》等等，皆文字俭省，字字千金。

巧引作品 穿插自如

结合故事，巧引东坡作品，还原作品背景，穿插自如。

在《苏贤良看大地主不顺眼》中，作者写苏轼策马围着大庄园转了一圈，回官舍睡不着了，提笔写下："当时夺民田，失业安敢哭？谁家美园圃？郁郁城之麓。此亭破千家，籍没不容赎！"再现年轻的苏轼初试凤翔时对民生的关注、对恶霸夺取民田的痛斥。

《除夕》一篇中，写苏轼除夕夜未能与家人团聚，在监狱忙着清点囚犯，并以诗作武器，题诗官厅墙壁："除日当早归，官事乃见留。执笔对之泣，哀此系中囚……不论贤与愚，均是为食谋。谁能暂纵遣？闵默愧前修。"（《题官厅壁》）如此，便道出《题官厅壁》一诗的创作缘起。

解读诗文，离不开写作背景，这加深了我们对这首诗歌的理解。

创意结尾 多姿多彩

《苏东坡三百篇》结尾颇为讲究，颇具特色。如《喜雨亭》写东坡致力于拓宽饮凤池，用了一年多的时间建成凤翔东湖，解决了市民的饮水问题，作者如是写道："今日陕西凤翔城，青年苏轼的伟岸雕塑，高耸于东湖边的大广场。"宕开一笔，收煞颇为有力。

《苏轼讽刺凌虚台》一篇，作者如是写："不过，苏轼气盛，日后并不稍减，只在修炼中加以提纯。在大是大非问题上，他面对皇帝和宰相毫不妥协。生命冲动是要冲到底的。冲力大，阻力强，越发波澜壮阔。"以抒情议论作结，有着拓展、升华之功。

引用诗句，胜过千言万语。如"十年生死两茫茫"中，写王弗的凋谢，作者这样作引："夜来幽梦忽还乡，小轩窗，正梳妆。相顾无言，惟有泪千行……"借东坡诗句，表达心中对这位女子深挚的哀痛，有着一唱三叹之功。

再有，结尾透露出一种神秘感，欲言又止。如《苏东坡栽松三万棵》中，苏轼梦中与王弗携手，到青神县的瑞草桥去踏青，忽听门外有响动，跳起身来追黑影，文章这样写道：

王弗墓旁多了三棵松苗，还留下了一把铁铲。原来黑影不是鬼。

苏轼寻思：会是谁呢？

几天后，程夫人的墓碑旁又多了三棵松苗。那把铁铲不见了。

以此作结，让读者也寻思，其实也不必刻意去猜想，只觉得这样写颇具意味。

行于所当行，止于所当止。《金陵王安石终于启程了》中写神宗皇帝屡屡下诏，王安石终于接旨启程，一路玩儿着走，自称千年古木、栋梁之材，“世无良匠勿相侵”之后，作者如是作结：“今日之良匠乃是宋神宗。”戛然而止。

《高人之外另有高人》中，宋神宗御座前王安石与司马光的一场激烈争论散朝后，王安石主动向司马光靠近，想坐他的车归家，“司马光说：你上车当然可以，但你身上的虱子不可以”。以此作结，言有尽而意无穷。

“黑云翻墨未遮山，白雨跳珠乱入船”中，写一个官妓点评苏轼的即兴之作《望湖楼醉书》：“大官人的书法，像一群墨猪在纸上跑耶。”这时，作者写道：“东坡书法绵中带骨，字扁平，有‘墨猪’之称。”如此补笔，令不谙苏轼书法者，一下了然。

凡此种种，不一而足，深得结尾之妙也！

传承东坡文化，弘扬东坡精神，学东坡，做东坡，相信更多的读者会喜爱上这部书。

作者简介

孙文华，四川眉山人，中国散文学会会员、四川省作家协会会员、眉山市作家协会副主席兼秘书长。有作品在《中国青年报》《中国散文报》《新华文学》《华西都市报》《作家报》等报刊发表。出版诗文集《你看月亮的脸》等三部。

相随祝勇 遇见东坡

——读《在故宫寻找苏东坡》

大路

如果不曾读到祝勇《在故宫寻找苏东坡》，没有跟随他的足迹与目光，去故宫寻找苏东坡，苏东坡给我的印象，也许只是一个具有标志性意义的文化符号，璀璨却遥远，可望而不可即。即便记忆深处早已累积许多名人身后经久流传的名句，终究还是因为欠缺对一些艺术之外生命细枝末节的追索，一种情感层面的递进与深入，而无法真正抵达人物内心世界，感知其血肉与灵魂。

几个夜晚灯下阅读。逐页翻过，目光穿梭于字里行间，如同穿越烟雾迷蒙的时空。邈远之处的模糊影像开始清晰，如同黑白底片的逐层显影。百感交集中，我看到了苏东坡的转身。

如果以结绳记事的古老方式来具象化呈现苏东坡的一生，他一生中的几次贬谪将会是这条绳索上最为触目的节点。纠结于其中的动荡与汹涌，当我们以后世人的目光观看它的时候，一切早已随历史烟云的消散而归结于平静。静寂相对中，也许我们无从真切体会彼时的曲折。只是它兀自释放出一股深邃而强大的能量，且不可思议地凸显出悠远而无穷的美学内涵及意义。

清风吹拂，明月朗照。观望赤壁，遥远的怀想让苏东坡解脱。即便千古风流人物，也会在一段历史中落下帷幕。一切尘埃落定的时候，各得其所。从此或是凝固于史籍，任后世人解读评说；或是付与笑谈，随一阵风而消散。人间的悲欢离合，月亮的阴晴圆缺，是亘古不变的规律。人又怎能违背自然的规律，执着求得一劳永逸的顺遂与圆满？

翻云覆雨的命运，几番沉浮流离，足以让智慧的苏东坡明白，人世间一切苦心经营建设都是虚妄。如梦境般脆弱虚幻，转眼即逝。淡漠了改变现实的雄心与执念，并不意味着他决然孤行的避世与超脱。他只是找到一种与良莠交织的现实平行共处的方式，在污泥中开出莲花。

外境的变动，不曾让苏东坡停留，他的精神一直处于一种如活水般流动奔涌的状态。他的内心深知，眼前的熙攘与纷扰，不过是短暂掠过眼前的烟云。正如自己这躯微渺的肉身，亦不过是一世暂时的居所。所以，早已洞悉一切的苏东坡，能以一种如“不系之舟”的豁达姿态，自由漂流于世间，仿佛游走于无人之境。心随境转，随遇而安。没有什么会对苏东坡构成真正的障碍。那是苏东坡的大智慧，亦是他的大境界。

如今，当我们隔着时空回望，即便苏东坡身上的光芒仍在灼灼照耀后世，在文化艺术史上留下难以磨灭的璀璨印迹，但那并非他努力经营的结果。艺术于苏东坡，与其说只是怡情悦性，不如说更是一个人内在精神的反映，承载与寄托。形式无从框束他或深邃或激越的情感。苏东坡的艺术，是情至深处自然演化而成的结果。

他的身上没有刻意。当然他更无意于成为彼时文化艺术界的一股清流，或中坚力量，去引领某个团体。对自己的才华，他不以为意，仿佛浑然无知。但至情至性所到之处，于无心间的自然抒发与挥洒，却不经意中让他的艺术扩展出崭新的意涵与气象。那些被深情充盈浸透的艺术，从此成为他的独创。

黄州，惠州，儋州。命运流变中的数次颠簸辗转，成为苏东坡艺术的混血。随同他一再被贬的足迹，他的内心格局亦被壮大拓展成为更加高远辽阔的所在。如同静置于黑暗中日夜发酵酝酿的酒，面对外境无数次的无常变动，接纳与内化让他的精神渐渐逸出余味无穷的芬芳。他的艺术就此呈现出一种生命的韧劲与厚重。空间与时间的概念，在苏东坡的身上消失。他无意寻求净土一般美好的彼岸，那并不存在。他在良莠交织的现实中，实现自我人格的升华与完成。

苏东坡是一面镜子。美好映照，相映生辉；丑陋相对，相形见绌。他所置身的时代，他的社会关系，整个宋代的精神风貌，借由这面镜子而毫发毕现。时代辜负了苏东坡的生命，却成全了他的精神。没有苦痛波折的际遇，苏东坡将会是不完整的苏东坡。

日光之下无新事。一再重演的历史，也许足以让人明白，不论身处怎样的境遇，人都不必为此而太过在意。将近千年前的苏东坡，仍给身处不同境遇中的人，带来启发与力量。他是闪烁于黑暗夜空中的明星，精神世界有这样的人照耀，人永远不会孤独，内心永远会被鼓舞。

祝勇的文字美而精确，绵密且富有余味。对中国文化精神的信念，化作饱含情感能量的书写，以至于每每合上书页，仍然长时间无法抽离。隐藏于文字背后一个人的心路历程，在脑海中如画卷一般徐徐展开。他的内心随他生命的流离而渐次展开的壮阔风景，不知不觉引领我追随，深入。原来，人可“生如蚁而美如神”。不论相隔多么遥远的时空，在各不相同的境遇中，透过这些文字，总能让人清晰感应到一个人的心跳，他的皮肤下如火焰般簇簇跳跃的脉动。

与文字相映，大量真迹图片所带来的内心激荡与震动，或许是只能意会而不能言传的。图因文字解读而愈显珍贵，文字有图佐证而更为深刻。封藏于艺术背后的情感，在目光与纸页浸润的瞬间复活。庆幸那些承载一个人精神的物证，即便经历漫长的岁月仍能完好留存。

无论被书写还是书写者、读者，我们跨越不同的时空，借由这本书相会。相对无言，百感交集。

作者简介

大路，本名贺欣，另有笔名重尔·张望。祖籍山西，现居北京。在先锋设计与传统艺术领域从业10年，现专职写作。文字领域广阔，浩瀚，深邃。

法国诗人罗阿与苏东坡的心有《灵犀》

许岚

我始终觉得，用“人生精彩，作品经典”八个字来评价苏东坡，是很贴切的。

法国著名诗人、小说家、评论家、汉学家克洛德・罗阿致敬苏东坡的随笔集《灵犀》，与我有着共同的认知。因为，他对苏东坡敬畏与真诚的海拔高度，和我是一致的，那就是高山景行、深入骨髓。

《灵犀》这本书，我读得很慢，带着思考与问题去读，还原一个历史人物的生命、政治、文化、生活，以及一个异国人超越时空的情感。

法国文化与法国文化人，对苏东坡好像情有独钟。而罗阿，却是与苏东坡最心有灵犀的一位。冥冥之中，他们就是“千年前的朋友”。他对苏东坡的解读最为透彻、揪心，就像是一位知己回到北宋，与苏东坡一起生活，一起爱恨。

时下，有人（包括很多文化名人）说苏东坡是网红，我始终都是持反对态度的。那种说法是对苏东坡的一种大不敬，一种亵渎。苏东坡是创造中国经典文学的代表人物，是文圣、词宗，是世界千年英雄，岂是用“网红”这一浮躁之词就能表达的呢?

经典，是中华几千年优秀传统文化的结晶，是启迪人类智慧成长的必读之本，是永不枯竭的艺术江流。网红不过是某个时代娱乐文化的催生物，取悦大众眼球的一种精神或物质的释放；其无根，也无法登大雅之堂。

经典与网红，根本无法交集，无法相提并论。经典永流传，网红昙花现。

其实，罗阿也是这样认知的。罗阿真正接触苏东坡，是在20世纪50年代来杭州，与中国的法语翻译家罗大冈合译东坡诗词。在这个过程中，罗阿越发觉得苏东坡是个有趣和有味的人。

在《灵犀》这部随笔论中，罗阿写苏东坡，所用的史料并不多，却有着国际视野的第三只眼，一颗没有杂质的中国诗心。一个局外人，却以局内人的行云流水、安静从容，以随笔式的、罗阿式的语言，跟随着苏东坡一起山川河流、诗词书画、悲喜荣辱，诗意与思想起伏地重走了苏东坡的一生。他以法语与汉语等多声部的合奏，立起了一个国际化的苏东坡，也让不朽的苏东坡，在国际的土壤上开花结果。

作为阅读者的我们，是幸运的。在感受节奏和韵味美的同时，也收获了人生的许许多多。

天才诗人罗阿，他到中国旅游，在杭州因一句“月亮好像挂在树枝上”结识苏东坡。月亮，成为他追随苏东坡的源头。他始终在他的文学生涯中不断保持着与中国文化的对话，将从中国诗歌中获得的灵感，运用到自己的创作中。

他的经历和文学创作，印证了中法文化的交融和互补，尤以《灵犀》这本苏东坡评传可见一斑。他跨越了国界、种族和语言的樊篱，以极具个性的解读来认知苏东坡，大量引用苏东坡的诗词来印证自己的观点。

“他将苏轼诗词文赋译成法文，希望用西方的话语方式展示东方的美学精髓。这是一个难以企及的境界，然而他的尝试却为我们洞开了一扇窗户。东西方语言的异同，恰恰证明了文化可以移情，却不能被代替。”这是中国法文翻译家、《灵犀》译者宁虹，对法国汉学家、诗人罗阿精准而满怀崇敬的评价。

当两国语言智慧的火花相互交织，两条古老文明的长江、莱茵河相互交汇，苏东坡仿佛看到了方块字和“蝌蚪字”诗意与感性的握手拥抱。

我仿佛看到了苏轼在这两种文字、两条河流的波涛中，头戴子瞻帽、身穿宋服、脚踏东坡屐，携一轮明月，执罗阿之手，像一声春雷，气宇轩昂地朝我们走来。

作者简介

许岚，作家、田园诗人。中国作家协会会员，中国苏轼研究学会会员，眉山市作协副主席，三苏祠博物馆驻馆诗人。作品见于《人民日报》《光明日报》《解放军报》《诗刊》《星星》《十月》《清明》《山花》等刊物。著有诗集《我们的苏东坡，世界的苏东坡》《中国先贤100人》《中国田园》《眉山记》，思想短语录《岚言集》。

一部引人入胜的苏轼新传

——读《苏轼十讲》

张伦

复旦大学朱刚教授是当今研究宋代文学的翘楚，除学术专著外，他还贡献了两部雅俗共赏的讲稿：一部是《中国文学传统》，另一部是《苏轼十讲》。

《苏轼十讲》由朱刚在复旦大学中文系开设的“苏轼精讲”课程讲稿结集而成，用10个专题全面展现了苏轼的传奇人生，是一部精心编纂、内容丰富、新见迭出的优秀普及读物。此书2019年面世后即深受好评，次年荣获第十五届文津图书奖。

陈寅恪在邓广铭《宋史职官志考证》序中说：“华夏民族之文化，历数千载之演进，造极于赵宋之世。”宋代文化是中国古代文化的巅峰，苏轼则是宋代文化的代表人物。关于苏轼的研究汗牛充栋，其传记作品亦屡见刊行。

与既有的苏轼传记不同，《苏轼十讲》不是按时间顺序详叙传主生平，而是拈出10个题目，以专题的形式展开苏轼的生命历程。《雪泥鸿爪》概说苏轼的人生经历，《贤良进卷》讲述二苏应制科之始末，《乌台诗案》考察苏轼乌台诗案的前因后果，《三咏赤壁》介绍苏轼谪居黄州的创作情况，《庐山访禅》分析苏轼与佛道之关系，《王苏关系》梳理三苏与王安石之恩怨，《东坡居士的“家”》剖析苏轼对家的思考与表达，《元祐党争》讨论苏轼与元祐政坛之关涉，《唱和〈千岁秋〉》关注苏轼与士人群体的同题创作，《个体诗史》总结苏轼诗词创作特色，附论苏辙晚年的诗歌创作。

10个专题亦大致按苏轼生平编排，以苏轼的政治、文学活动为主线，涵盖了北宋仁宗以来的科考取士、王安石变法、新旧党争、士人风气、文坛风尚，不仅全方位地透视了传主，也生动地展现了北宋中后期的政局形势和社会图景。

《苏轼十讲》以专题的形式写传记，重点突出，论述集中，见解新颖，内涵丰富，遂成为一部引人入胜的苏轼新传。

《苏轼十讲》采取专题的形式，既是因为其书原本脱胎于讲稿，也是因为作者对各专题素有精深的研究。朱刚从事苏轼研究多年，早年的博士论文《唐宋四大家的道论与文学》就涉及苏学；其后又与导师王水照合撰《苏轼评传》，对苏轼思想有全面而深刻的阐释；近年力作《唐宋“古文运动”与士大夫文学》考察北宋士大夫文学的展开，亦涉及二苏；最近刊出的《苏轼苏辙研究》则是二苏研究的专门结集。这些研究构成了《苏轼十讲》的基础。

例如第一讲《雪泥鸿爪》，撷取苏诗一系列文本中“鸿”“牛”“月”三个意象，串联起苏轼的一生，其精巧构思实发端于数年前《唐宋四大家的道论与文学》《苏轼评传》中的相关研究。作者积思累年，复讲论经年，故能于每一讲中融入一己研究之心得。

同时，《苏轼十讲》还吸收了学界的相关研究，如第四讲《三咏赤壁》论苏轼“豪放词”、第九讲《唱和〈千岁秋〉》谈苏轼唱和秦观《千岁秋》，均参考了王水照的论文。

正是由于具有坚实的专题研究基础，《苏轼十讲》不同于一般传记的“戏说”“漫话”，体现出严谨的学风，新见卓识亦在在可见。如第二讲《贤良进卷》对“贤良进卷”的文本性质、形式来源及文学史意义作了深刻揭示。指出宋代制科的“贤良进卷”由50篇策论构成，其性质不类别集，而像子书；每一篇均用古文写作，又是唐宋“古文运动”的成果，可谓是以“古文运动”精神再造先秦子书传统；其形式则源于唐代的进士“行卷”，实为“行卷”的制度化；其写作方式造就了宋代士大夫作家的一系列特征，是士大夫文学的典范。这些精辟的见解，都是从文献出发，立足于对“进卷”材料的全面掌握和细致考辨。

作者重视文本，不尚空言，每一讲均汇集了一组完整的作品，并作深入解读。如第四讲《三咏赤壁》讨论苏轼黄州时期的创作情况，依次细读了《念奴娇·赤壁怀古》《赤壁赋》《后赤壁赋》三篇作品，阐明了苏轼开创“豪放词”的词体革新意义，探寻了苏轼两赋赤壁的创作缘起与心路历程。作者灵心善感，辨析入微，引导我们通过文本走近苏轼的精神世界，从《赤壁赋》“超越的思辨”走向《后赤壁赋》“超越的心境”，再现了苏轼谪居黄州历经痛苦并最终解脱的心理过程。

得益于作者对苏轼各类作品的细读，对苏轼生活时代的全面认识，《苏轼十讲》对传主深具同情之了解。如第六讲《王苏关系》、第八讲《元祐党争》中分析指出，苏轼论学、论政，都不随人俯仰，坚持独立主张，强调异议的正当性，始终保持独立的人格。北宋士大夫多贬斥势利，尊崇气节，苏轼一生立朝大节极可观，可谓北宋士大夫的典范。作者回到历史语境，知人论世，对苏轼所作的高度表彰，客观公允，允为苏轼的异代知音。

《苏轼十讲》以传主苏轼为中心，涉及宋代文化、文学的诸多方面，贯通文史，视野宏阔，表彰先贤，启迪后学，其优点尚不止以上数端。尤为难能可贵的是，全书文字雅洁，语言清丽流畅，不仅是一部优秀的学术传记，也是一部优美的学术散文。

《苏轼十讲》不论是内容还是文笔，都堪称学术研究与科学普及相结合的典范。

作者简介

张伦，重庆巫山人，南京大学文学博士。四川师范大学中华传统文化学院、四川历史名人文化普及基地、巴蜀文化研究中心助理研究员。主要从事中国古代文学研究、巴蜀文化研究。

同于生物 不同于所生

——读《苏东坡地理》有感

邓永江

近几年，在各种视频平台、微信群、微信公众号等新媒体上，人们以直播、短视频、读书会等形式，不断开展有关苏轼的活动，有关苏轼的书籍也层出不穷。据笔者粗略统计，仅 2022 年，有关苏轼的小说、书法、学术研究等相关的书籍就有 80 余种（含再版），逐渐形成了“苏轼热”的现象。

这种现象的出现不是偶然。它跟现代科学技术的便利，国家文化软实力战略对传统文化的重视，更多人开始以一种反思现代性的姿态从传统文化中寻求灵魂的慰藉有关。苏轼恰好是以行动的哲学诠释着传统主流文化儒、道、释集于一体的文化表征之一。关键的是，人们可以从抽象的哲学概念或词汇中抽离出来，微观地从苏轼生命行迹中寻求到一种实践哲学精神。可以说，《苏东坡地理》就是这种热效应的产物。

该书由中国苏轼研究会会长、四川大学教授周裕锴和复旦大学中文系教授朱刚分别作序，他们对苏轼在文化史上的地位、人生哲学、艺术造诣等方面做了概略性述介。

周裕锴指出，在中国历史上，可能只有孔子在文化史上的影响超过苏轼。关键原因在于，苏轼兼有多种身份，他是一个文人，一个政治家，同时又是一个思想家，他留下的话题可能是中国文化史上最多的。

朱刚认为，苏轼对家国的高度认同，在诗、词、文、书法、绘画等领域全面的文化素养、多领域的集大成，自觉地开拓创新，“同于生物，不同于所生”个性化精神的倡导，使他成为传统文化统一性和丰富性的一个象征。

该书分为上、下两编。上编“何妨吟啸且徐行”主要由《三联生活周刊》张星云主笔，分为6篇：“眉州：夜来幽梦忽还乡”“杭州：致君尧舜，此事何难？”“密州：诗酒趁年华”“黄州：一蓑烟雨任平生”“儋州：兹游奇绝冠平生”“从常州到郏县：扁舟一棹归何处？”，每篇择要性地追踪了苏轼不同阶段所行、所居的地理生命轨迹。

作为一位官员，尤其是屡屡被贬的官员，苏轼的行踪西起故乡眉山，东到海滨蓬莱，北至宋辽边界，南达海南岛，可以说穿越了北宋统治的大半个疆域。正是那些丰富的宦游经历，曲折的坎途和困乏的生活遭遇，使得苏轼在思想上形成了独特的思考。种种的一切反映到他的生命行迹上，即是从早期积极入世的儒家知识分子，逐渐转变成兼容道、释两家思想的“东坡”，并积极践行生活美学，在文学、书法、绘画等艺术上不断精湛的文化集大成者。

下编“我书意造本无法”主要是对苏轼书画真迹的鉴赏。苏轼的书画真迹共有40余件存世。书中以展览为契机，创作者在真迹现场，为读者寻求通往苏轼精神世界的入口。正如曹宝麟先生所言，苏轼一生，总是标新立异，没有哪件事愿意跟随别人，具有一种探索精神。小到生活资料，自创了东坡肉、东坡帽；就酒类而言，在黄州做蜜酒，在定州酿松醪，在惠州试桂酒。大到文艺活动，如以蔗滓画石、朱砂写竹，都别出心裁。所以，在书法领域，他也一定会大显身手。

该书在写作风格上，以“空间写时间”见长。打破传统以时间顺序建构叙事逻辑的旧例，改以基于地理/空间人物活动的断代史组合，由此别开生面地从现代地理进入历史。这种写作上的技术迭代，有一种空间作为整体、时间叠加的诱惑。或许，这正是该书取名《苏东坡地理》的关键原因。

当写作者面对空间或地理现实的此刻，去追索曾经的彼时，其间由想象达成两层时空的贯通，提供了创造者个性化叙述的风格。这也是新闻的文学化写作较为典型的特征。由于文中受新闻客观性的影响，文中的观点多以转述相关研究者的观点为主，创作主体的思想一定程度上又受到遏制。

该书还有一个较为典型的特征：在地理/空间叙事中，插入大量精美的图像。这些图像，既有北宋时苏轼的行迹图，也有他短暂安家的地方、时间、职务、事由组成的表格，也有不同时代人们对苏轼形象的想象画作，还有苏轼书画真迹的图片呈现，更多的是与苏轼生命行迹有关的现代性景观展现。

这种“文字+图像”组合的叙事方式增添了视觉审美效果，方便读者更全面、系统地理解叙事者的目的。不过，也会给读者带来阅读干扰，无法直畅地完成阅读。

整体而言，该书篇章结构上大致以线性时间串联起苏轼一生的地理轨迹，每篇又独立成篇，信息量大，不少观点都是业内专家学者讲述，具有一定的深度。

作者简介

邓永江，四川宜宾人，暨南大学文学博士，四川师范大学中华传统文化学院、巴蜀文化研究中心讲师，硕士生导师。主要从事中国多民族文学与文化关系研究。出版长篇小说《雪地的密码》。

识得“庐山真面目”
——《阅读苏轼》读后

于晓川

元丰七年（1084），苏轼离开黄州，过九江，前往庐山游赏时，留下著名的《题西林壁》：“横看成岭侧成峰，远近高低各不同。不识庐山真面目，只缘身在此山中。”这首被选入小学教材的哲理诗，其内在旨意自然不必多言。“庐山”既是真正的庐山，也可以被替换、推而言之到所有事物。借用“庐山”这一意象去认识苏轼，他的真面目是怎样的？朱刚先生的《阅读苏轼》或可给出答案。

朱先生是宋代文学研究、苏轼研究专家，多年来有《苏轼评传》《苏轼十讲》《苏轼苏辙研究》等专著问世。《阅读苏轼》由苏轼传、作品赏析、名家视角、苏轼年谱四部分构成。其中，“苏轼传”尤见学问根底。

以“庐山真面目”小节为例。苏轼游玩庐山所作的诗歌有多首，胡仔《苕溪渔隐丛话》前集卷三十九引录了《初入庐山三首》等：“仆初入庐山，山谷奇秀，平生所未见，殆应接不暇，遂发意不欲作诗。已而山中僧俗，皆言‘苏子瞻来矣’，不觉作一绝云：‘芒鞋青竹杖，自挂百钱游。可怪深山里，人人识故侯。’既自哂前言之谬，复作两绝句云：‘青山若无素，偃蹇不相亲。要识庐山面，他年是故人。’又云：‘自昔怀清赏，神游杳霭间。而今不是梦，真个是庐山。’”

大意为初入庐山时，苏轼本不欲作诗，听到僧俗人众传言“苏子瞻来矣”，不觉有自得之意，又生自哂之心，乃连作三首。朱先生考察苏轼四月借宿圆通寺并做法事、五月从南麓登上庐山的史实，仔细体察剖析，从苏轼入庐山的诗歌出发，结合游赏香炉峰瀑布、温泉、开先寺漱玉亭、栖贤寺、东林寺等处景观的行迹、结撰，兼及苏轼阅陈舜俞《庐山记》、读可遵禅师诗、与庐山第一高僧东林常总禅师交游等故实，还原了苏轼在庐山问禅悟道的过程。

朱先生认为，苏轼在游玩庐山期间，其实一直在思考什么是“庐山真面目”的问题。《初入庐山三首》反映出诗人与名山并非一见如故，与庐山“不相亲”的苏轼寄希望于时间。后与常总禅师信步于西林寺，作《题西林壁》一诗有“只缘身在此山中”句。这是苏轼从空间的视角去反思，身处山中可能也是妨碍正确认识庐山的原因。此为现实中的庐山引发的诗情与思索。

庐山在北宋时已是禅宗名刹聚集之地，苏轼故交佛印曾约他畅游庐山。他在庐山圆通寺为父亲做了一次法事，又游览了开先寺、栖贤寺、东林寺等，游温泉时续可遵禅师作出“若信众生本无垢，此泉何处觅寒温”一诗，已见出他对禅的理解已不在高僧之下。

与常总禅师会面后，苏轼留宿东林寺，二人谈论了一夕“无情话”，苏轼因有一偈“溪声便是广长舌，山色岂非清净身”（苏轼《赠东林总长老》）。此为苏轼领会的庐山之外的一切无生命之物的根本所在。

“在这个不眠之夜，无数表达着真理的自然的偈语向苏轼涌来，他已经与自然的大道完全同化了。”朱先生认为，在常总的点拨下，苏轼透过溪声山色、自然界的“无尽藏”，能够直达具有最高普遍性特点的“真面目”，开始进入禅门传法的谱系。这样一番梳理，将苏轼庐山问禅的时间、空间、思想变化的线索清晰地展现了出来。

因该书最初写作时的阅读对象为青少年，不便将苏轼生平全面铺开讲析，但朱先生仍浓缩了他在苏轼研究中的重要观点，按照苏轼生平脉络，关联当时时事，截取重要事件，形成科举士大夫、变法风潮、东南第一州、乌台诗案、东坡居士、庐山真面目、王苏和解、元祐大臣、还来一醉西湖雨、万里南迁、海角天涯、走向生命的完成等专题，使读者尽可能回到历史情境中去认识苏轼。

在生平叙述中，朱先生既注重以传统中国士大夫阶层的变迁为背景来叙述苏轼生平，也注重从个体与社会的连接方式来看苏轼自适的态度。传记呈现了苏轼科考高中、杭州通判、贬谪黄州、元祐升迁、五受谪命、贬居海南等重要的仕途转变，也从苏轼与苏辙（亲人）及王安石（政见不同之“小人”）、沈括（秘密控告苏轼者）、李定（欲定苏轼死罪者）等人的关系看到“诗人对人间温情的重视”，“即便经受种种打击，苏轼仍能够坚持对人情的乐观信念，他不断地把政敌变为朋友，寻求友谊以抚平伤痛，包括那些严重伤害过他的人，他也试图与之沟通，并获得相当的成功”。

朱先生受业于王水照先生，多年沉潜于宋代文学研究，该书字里行间不着痕迹地铺陈出时代政治、文化、制度等与苏轼个体命运的关联，非学殖深厚者难以为之。该书对苏轼二次任职杭州所写的西湖诗句、对“雪泥鸿爪”的解读，都显示了很高的审美意趣。无论是对哪个个体的研究，实际都是对世界、对生命的体察，该书可谓作品赏读的优秀范例。

《阅读苏轼》大体按照时间顺序，选取了苏轼的 8 篇作品进行赏读。名家视角中，除黄庭坚《东坡先生真赞》，另附王水照《苏轼的影响》、山本和义《诗人与造物》两文供读者参照。王水照先生是宋代文学研究的权威学者，《苏轼的影响》一文作于 20 世纪 80 年代，可谓较早对苏轼影响进行综合考察的成果，文章对苏轼诗、词、文影响、苏轼集编纂、苏轼诗笺注本、词集、散文选本及80年代前的研究成果进行精要阐述。《诗人与造物》则为域外学者对苏轼的代表性研究，供读者从更全面的视角了解苏轼。

后附《苏轼年谱》是最考验学者功力的文献，对读者而言，有助于从时间线上客观览得苏轼生平大事。书中影印苏轼集不同刻本、书法、后世名家画苏轼像、赤壁题材图卷等，有锦上添花之用。

前文“人人识故侯”诗句或可借以形容当下苏轼的热度。用网络流行话语来总结，苏轼是一个话题拉满的文人。他长于题写吟咏，无论地方任职、身为罪臣贬居、宦游过往，所历及书写颇多。从地域上来讲，他成为多地文化资源发掘的重点；从文学、文化修养上来看，他在诗、词、文、画、书等方面有极高的艺术水准和审美追求，是文艺研究者、爱好者的尊崇对象；从生活情趣来讲，他热爱生活，常苦中作乐，发掘美食，甚至情感都成为大众在日常生活中可以讨论的话题。

这固然是好的现象，但如何能更好地认识、理解苏轼，恐怕不能脱离他当时所处的时间和空间环境。“而今不是梦，真个是庐山。”翻开《阅读苏轼》，有助于认识苏轼的“庐山真面目”。认识苏轼，历经时间的淘洗，“他年是故人”，相信苏轼会成为每个人的朋友。

作者简介

于晓川，女，河北秦皇岛人，中央民族大学文学博士。四川师范大学中华传统文化学院、巴蜀文化研究中心副教授，硕士研究生导师。主要研究方向为宋代文学、中国传统文化。

换个角度品东坡

——读张花氏《东坡茶》

朱仲祥

张花氏初中毕业回家种地、做瓦匠，后重回学校读书，考上大学，进入出版社工作。编务之余，他不敢荒废时日，躬身于研究与写作，在东坡研究领域走出一条独特之路，《东坡茶》就是其成果之一。在首届天府书展上，张花氏带着他的新作《东坡茶》，做了一场名为“当茶遇上东坡”的读者分享会，引来苏东坡迷的热捧。

独辟蹊径的写作切入

这是一部别开生面的苏东坡研究著作。张花氏撇开一般视角，独辟蹊径地选择从苏东坡与茶的关联话题入手，由此生发出诸多故事与思考，让我们品味到苏东坡身上所散发的幽幽茶香。

不同人心中有一个不一样的苏东坡，正所谓“横看成岭侧成峰，远近高低各不同”。苏东坡作为一位杰出的历史人物，给我们提供了多层次、多角度的启迪、思考，无论从政治、文学、艺术，还是人生、宗教、哲学等方面，都留下了很多耐人寻味、启人心智甚至是雅俗共赏的东西，给我们提供了丰富多彩的东坡话题。至今，人们对东坡策论、东坡仕途、东坡文学、东坡书法、东坡酒、东坡肉等，依然津津乐道，传颂不息。

在中国的传统文化里，茶是具有很深的文化甚或人生意味的。张花氏的《东坡茶》，撇开诸多话题不论，单说苏东坡与茶的故事，透过一盏茶香来品味东坡。从一杯沉浮与淡定的“茶”中品东坡，这样的选题角度新颖别致，在汗牛充栋的苏东坡研究著述中是独树一帜的。

但必须看到，本书的落脚点不是茶而是人，最终还是在研究东坡、品味东坡，还是在讲述人的故事。作者不只在谈东坡如何制茶、烹茶与品茶，而且将东坡的故事与茶融合在一起，讲述东坡的茶道人生。

茶叶串起的东坡足迹

苏东坡一生酷爱两样东西，一是酒，二是茶。他的酒故事很多，茶故事也不少。苏东坡不仅烹茶、品茶、悟茶，而且亲手种茶，“东坡”之名号就与垦荒种茶有关。苏东坡一生中留下的茶诗80多首，成为中国文学宝库中的珍品。

张花氏巧妙地以“茶”为线索，串起苏东坡高低起伏、跌跌撞撞的人生足迹，让我们认识了另一层面、另一意义的苏东坡。

本书开篇的序言，就从“蜀人作茶”开始谈起。蜀茶在中国历史上可谓源远流长，它的种植、制作与冲泡等一系列工艺，具有广泛的影响。文中介绍说，“陆羽《茶经》载：茶者，南方之嘉木也。一尺、二尺乃至数十尺，其巴山峡川有两人合抱者……这为我们提供了原生茶树在巴蜀生长的证明。”苏东坡生于斯长于斯，对川茶非常热爱与推崇，出仕后还四处传播蜀茶的烹制与品味方法，可见蜀茶于他影响至深。

本书以“舟行出川：岂惟煮茶好”为话题，开始苏东坡宦游人生的描述，及至来到汴京高居朝堂之上，春风得意时感觉“奇茶妙墨皆香”，后官凤翔，继而受排挤到杭州做通判，“但愿一瓯常及睡足日高时”。其后，他到密州、徐州、湖州、黄州，从“日高人渴漫思茶”到“周诗记茶苦，茗饮出近世”，一路茶香陪伴他度过人生的晦暗时光。再后来，从黄州到汴京再回到杭州，留下“从来佳茗似佳人”的千古绝唱。好心情没维持多久，又踏上荆棘丛生的流放之路。苏东坡一路上手提茶壶，走得踉踉跄跄，却还有心情吟哦“禅窗丽午景，蜀井出冰雪”“活水还须活火烹，自临钓石取深清”，依然是茶陪伴他度过人生的“至暗”岁月。

宋元符三年（1100）九月初九，哲宗皇帝驾崩，苏东坡在茶的伴随下，自儋州踏上北归之路。他到镇江遇见米芾，苏东坡亲煎麦冬茶招待，写诗说：“一枕清风值万钱，无人肯卖北窗眠。开心暖胃门冬饮，知是东坡手自煎。”

茶，串起了苏东坡的人生足迹。

一盏韵味悠长的东坡茶

人生如茶，茶如人生。张花氏写作《东坡茶》一书，是否受了此话的启发而脑洞大开，铺排成这部专著？不知。

从园圃中吸取天地精华而成茶，再于沸水的冲泡下翻滚腾跃热情洋溢，及至在澄明的茶水中宁静从容，云淡风轻。本书把握了茶与东坡二者的共性，将茶的生长、烹制到冲泡、品味的整个过程，与苏东坡的坎坷人生高度契合。起伏跌宕的宦游之旅中，苏东坡和茶总是亦师亦友如影随形，得意时用茶表达人生的欢欣，失意时用茶平复内心的伤痛。与朋友相聚用茶以待，人生最美是清欢；与朋友挥别时以茶相送，一盏清茶情意长。茶的清香陶冶着他的性情，完善着他的人格，也使他不断升华人生的境界，在人生辉煌时不至于得意忘形，在颠沛流离中不至于沉沦绝望，始终保持着做人的本真与超脱。

书中用文学的手法，详细描述了苏东坡与茶的诸多人生际遇和生动故事，包括在王安石变法中对茶农利益之争的几度论辩，包括与文人士大夫之间的茶饮交流，与僧道关于茶境的禅悟，还有对不同地区茶艺的深入查访、研究与探讨。也用讲故事的方式，增加了阅读的趣味性和愉悦感，充分展现了苏东坡动人的人格魅力，让其人性光辉在茶的清丽和芳香中闪耀，让人感觉苏东坡就是一盏韵味悠长的茶，值得我们去细细品味。

尤其感动我们的是，苏东坡对蜀茶的终生推崇和热爱。他多次向人推荐蜀茶的制作与冲泡，也多次在诗词唱酬中言及对蜀茶的怀念。在汴京，他写道："茶为西南病，岷俗记二李。"在黄州，他吟道："姜盐拌白土，稍稍从吾蜀。"无论离开家乡多久多远，他都忘不了故乡烹茶的工艺和味道，显然，他已把茶与乡愁融汇在了一起。

作者简介

朱仲祥，四川夹江人。业余从事小说、散文、诗歌、报告文学、评论、歌词等多种文体写作。在《北京文学》《四川文学》《星星》《人民日报·海外版》等百余种报纸杂志发表作品300万字。出版图书《恋恋乡愁》《路岗岁月》《血色破晓》等。

绩学之士作全集 薪火相传看东坡

——谈《苏东坡全集》的价值与意义

林莉 宋永伟

想了解苏东坡，通过其作品可以完成跨越时空的古今对话，感受他跌宕起伏的精彩人生，领悟他的人品器识。东坡著作自北宋以来，一直广受喜爱，文集、选集改编本众多。由曾枣庄、舒大刚两位学者编录、中华书局出版的《苏东坡全集》，一共八册，齐全、方便、厚重，是研究东坡文化的重要文献。反复品读，在古今对话中，进一步明晰了两位学者编录全集的初心。我们试着从《苏东坡全集》的“全”字，来理解这部书的价值与意义。

何以称全集？

舒大刚说：“如果说苏东坡的锦绣文章如树之躯干，为人所识、为人所赞，那其胸中的节义志气就如根柢触须，扎根泥土、历久弥长。”《苏东坡全集》正式出版前，市面上流传发行的东坡全集多为诗词文集，鲜有经学著作和笔记杂谈。缺乏这部分内容，尤其是经学著作，对苏东坡学术、节义和志气的根柢所在就缺乏理解，也对东坡先生的文化形象缺乏全面的认识。

《苏东坡全集》打破了文类的界限，完整收录辑订了苏东坡的诗、词、文章、经学著作及笔记野史，将流传至今的所有苏轼著述尽可能完整地收录其中。全书共八册，前六册为诗集、词集、文集，第七册为经学著作，第八册为笔记野史，是目前市面上收录东坡作品门类最全、作品最齐的读本。

第七册中收录的经学著作，以久已散佚的《论语说》为代表，文学价值极高，是舒大刚汇集诸家辑佚成果，重点补充完善的汇辑本，弥足珍贵。

第八册附编中收录的趣闻逸事，来源虽不可考，却在民间流传甚广，很大程度上塑造了苏东坡在民间的文化形象。我们可以由此追溯东坡之“器识”“议论”“文章”“政事”，与“特立之志”“迈往之气”所植根的文化土壤和经典依据，更有利于对东坡现象、东坡精神的系统把握和整体认识。

为何作全集？

《苏东坡全集》为东坡思想文化的进一步深入研究，提供了完整的文献支撑，对东坡思想文化的传承和弘扬意义重大，对悠久的中国历史文化积淀意义重大。

“心系家国天下，身传道德文章”是我国知识分子历来推崇的历史使命和道德责任。舒大刚在《百读不厌苏东坡——写在〈苏东坡全集〉出版之际》一文中写道：“将东坡研究推向一个新的境界，则是吾等《全集》编者虽劳犹荣、善莫大焉之结果也！”

在亲近自然、亲近民众、亲近经典中，苏轼超越了自我，做到了文学家、思想家和政论家三者统一，实现了其立德立言立功的士大夫追求。

苏东坡作为中华文化的一个符号，需要传承与弘扬。如何传承？是断章取义、蜻蜓点水，还是窥一斑而知全豹；还是点滴钩稽，集腋成裘，还世界一个本来的苏东坡？相信曾枣庄、舒大刚心中早有定论。

只有“全”，才能了解他的诗文，了解他在文学、经解、笔记、杂说方面的成就；只有“全”，才能感悟东坡的全面成就、深邃思想和丰富成果；只有“全”，才能为现在和将来留住一个文化的东坡、信仰的东坡、灵魂的东坡、鲜活的东坡。

如何读全集？

古代书籍中收录的东坡诗词、文章，大多是竖排繁体字，而《苏东坡全集》为横排简体，在方便阅读的同时，还可用作资料备查浏览。

拿到《苏东坡全集》，一定不要错过《导言》。《导言》虽长，却详细评述了苏东坡的文艺及思想成就。导言读完，你会看到《苏东坡年表》，以时间为脉络，串起了苏东坡的生平经历。这样的安排，便于读者结合时代背景，更好地了解苏东坡，了解他的作品。

读着读着，你会找到东坡先生与黄庭坚并称“苏黄”、与辛弃疾并称“苏辛”、与欧阳修并称“欧苏”的答案；也会找到东坡先生在文学造诣方面名列“唐宋八大家”，在书法方面又是“宋四家”之首的答案。

贪多嚼不烂。接下来，建议喜欢东坡诗的读者看第一、第二册，东坡词也在第二册中。第三册到第六册，收录了东坡文集。第七册《苏氏易传》是苏洵、苏轼、苏辙父子合作注释《周易》的著作。

阅读第八册时，可以暂时脱离庄严的苏轼学术，领略谐趣的东坡文化，于风趣幽默的文化风格中，了解民间流传的东坡趣闻逸事。

后面的附编不要错过，《艾子杂说》《杂纂二续》《渔樵闲话录》《调谑编》《问答录》，虽是枝节，但会使苏东坡幽默风趣的文化形象更丰满。书末附有《篇名音序索引》，以篇名为线索，系统汇编了苏东坡的经典著作，方便读者查阅。从《苏东坡全集》的字里行间，我们普通读者还能收获积极乐观的精神力量。“竹杖芒鞋轻胜马，谁怕？一蓑烟雨任平生。”

作者简介

林莉，四川西昌人，西南石油大学马克思主义学院党委副书记、纪委书记，教授，硕士研究生导师。中国国际公共关系协会理事，四川省朱熹研究会理事，四川省戏剧家协会理事，四川省文艺评论家协会马克思主义文艺评论基地主任。出版教材7部，主持多项省部级课题。

宋永伟，甘肃兰州人，西南石油大学马克思主义学院马克思主义理论专业硕士研究生。曾服役于新疆军区塔城军分区某边防团。

意到笔随 自然天成

——评苏轼《东坡志林》

阮怡

《东坡志林》是宋代大文学家苏轼创作的一部随笔类笔记。据苏门弟子黄庭坚称，苏轼有将所见所闻写下交给诸子放入手泽袋加以保存的习惯。苏轼在世时，曾有将这些手书墨迹汇编成书的愿望，可惜尚未来得及整理就溘然长逝。后人将这些随手记录的文字辑录成书，称为《东坡手泽》，后来的刊行者又将书名改为《东坡志林》。

如今传世的《志林》主要有三个版本：以《百川学海》收录的《东坡先生志林集》为代表的一卷本，以明代万历赵开美刊刻的《东坡志林》为代表的五卷本和《稗海》收录的《东坡先生志林》为代表的十二卷本。

王松龄以涵芬楼本（据赵开美刊刻本校印）为底本，校以其他传世的经典版本，整理其书，今收录在中华书局编撰的《唐宋史料笔记丛刊》中。王先生在点校时，对底本已有的校勘成果予以保留，并比较各底本优劣，去粗取精，综合运用对校、本校、他校、理校等方法进行校勘整理，成为目前学界最具有参考价值的版本。

是书为五卷，分为记游、怀古、修养、疾病、梦寐、学问、命分、送别、祭祀、兵略、时事、官职、致仕、隐逸、佛教、道释、异事、技术、四民、女妾、贼盗、夷狄、古迹、玉石、井河、卜居、亭堂、人物、论古等29门，共收文203篇。所收文章篇幅不长，短者几十字，长者2000余字，多数为百字左右。篇幅虽短，但不管是记人叙事、描景状物，还是议论抒怀，苏轼都写得情真意切，文笔妙趣横生。

《志林》一书所载各篇时间跨度大，从元丰初年到元符三年长达20年的时间，所记内容包罗万象，题材十分广泛。主要内容有以下几类：

一是对日常生活的记录、人情世故的感怀。这类作品展现了苏轼在朝为官以及贬谪黄州、惠州、儋州等不同人生阶段的生活起居、友人往来的面貌。收录在记游、修养、梦寐、官职等条目下。如《记游松江》《儋耳夜书》《记游松风亭》《措大喫饭》皆以平淡自然的语言道出人生哲理。

二是记录历史人物掌故和传闻异事，收录在异事、梦寐、祭祀、隐逸诸条目下。对历史人物的勾画，寥寥数语就凸显出人物形象的风情神貌；对民间传闻异事的记载，继承了前代志怪小说的笔法，具有较强的奇幻色彩。

三是论史评史。这部分内容主要见于论古、夷狄、人物等篇。文章论辩周密，气势纵横，有一泻千里之势；说理形象生动，擅长做翻案文章，有独到新颖的见解，正是苏轼为文"常行于所当行，常止于不可不止"的美学追求的生动体现。

四是考据辨证。东坡所考辨的内容所涉范围较广，传统经史典籍，礼制器物、山川名胜、军事遗迹皆囊括在内。诸则文字考辨精审，足以见出苏轼博闻强识、学富五车的形象。尤其可贵的是，苏轼还将"身行万里半天下"的宦游经历与读书涵咏的内心体悟相结合，在行旅征程中玩味书册，审视读书获得的经验，即物穷理，格物致知。如《八阵图》《赤壁洞穴》等文，都将书斋阅读的经历与旅行中对自然世界的体验结合在一起，相互对应、比较，慎思明辨以获得新知。

赵开美在《刻东坡先生志林小序》中写道："东坡先生志林五卷，皆纪元祐、绍圣二十年中所身历事，其间或名臣勋业，或治朝政教，或地里方域，或梦幻幽怪，或神仙伎术，片语单词，谐谑纵浪，无不毕具。而其生平迁谪流离之苦，颠危困厄之状，亦既略备。”从《志林》的记载中，我们可以看见一个真实、鲜活的苏东坡，其学识思想、性格修养等都从文中自然流露出来。

笔记体的作品，先秦两汉时已有萌芽，如汉代班固的《白虎通义》、应劭的《风俗通义》实为考据辨证类笔记。到魏晋南北朝时期，又兴起小说故事类、历史琐闻类笔记，如《博物志》《西京杂记》《世说新语》等。隋唐五代，又产生了《隋唐嘉话》《封氏闻见记》《因话录》《云溪友议》等历史文学类笔记。到了宋代，这类笔记体作品大增，蔚然称盛。

苏轼的《东坡志林》不仅继承了前代笔记记录奇闻异事、典章制度、历史故实、人物逸事的传统，而且特别擅长在优美的文辞中表现人生感悟，在写人、叙事、状物中展现内在心绪，笔记文的抒情性大大增强了。

如贬谪黄州期间所写《记承天夜游》一文，先以“庭下如积水空明，水中藻荇交横，盖竹柏影也”数语，营造出一个月光澄碧、竹影斑驳、幽静迷人的景象。后记闲适寂寥的情怀，称“但少闲人如吾两人者耳”。苏轼谪居黄州，不得签书公事，与儒家的“经世济民”理想相去甚远，可谓之“闲人”，委婉地道出苏轼宦途失意的苦闷。从另一个方面来看，如此夜月之景，众人不能识，唯此二人有此闲情逸致领略这般美景，亦可看到苏轼宠辱不惊，进退自如的人格魅力。苏轼将与友夜游经历和当时的心境娓娓道来，意境超然，韵味隽永，达到“繁华落尽见真淳”的境界。

又如《记游松风亭》一文，记述了一次平凡的散步经历，却从这件日常生活中的小事悟出人生大道理，用极为简练的语句阐释人生真谛，认为人的一生不必为既定目标所累，而要顺应自然，获得心灵解脱。

《志林》所载之文，多以短小的篇幅描绘出东坡的内心世界，用不假雕琢的文字，表现出东坡性情，如行云流水又意蕴无穷。

《志林》一书写作旨趣从对外在奇闻异事、历史掌故的叙写，转向对百姓日用生活、人生情趣的抒发，这一改变深深影响了后世笔记的创作。北宋以后的许多笔记作品，开始朝着生活化、日常化方向发展，也像《志林》那般，热衷描写个人生活的所见所闻和生活意趣。《志林》对晚明小品文的影响同样不可估量。袁宏道、张岱、钟惺等人创作的“独抒性灵”、随意自适的作品中，也可看到《志林》这种文风的熏陶。

《东坡志林》在中国古代散文史上有着开创新风气的重要意义，与苏轼的其他诗、文、词作品同样熠熠生辉。

作者简介

阮怡，四川师范大学巴蜀文化研究中心研究员，文学院副教授，硕士研究生导师。韩国延世大学中国研究院研究员，中国苏轼学会理事。致力于宋代文学、域外汉文学研究。出版专著一部、合著一部，独立在国内外重要学术刊物上发表论文近 40 篇。

第二章

观·东坡

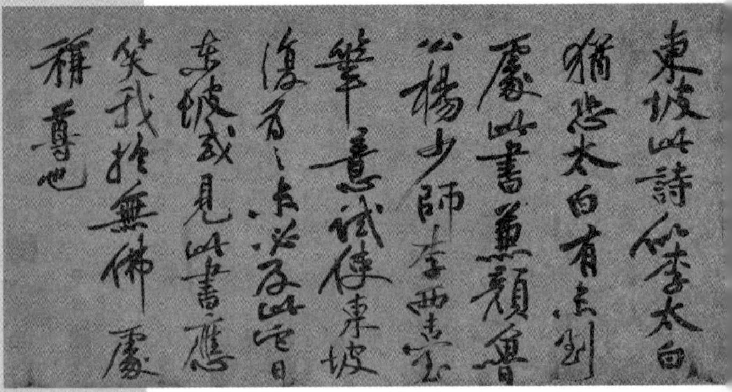
東坡此詩似李太白
猶恐太白有未到
處此書兼顏魯
公楊少師李西臺
筆意試使東坡
復有之未必及此它日
東坡或見此書應
笑我於無佛處
稱尊也

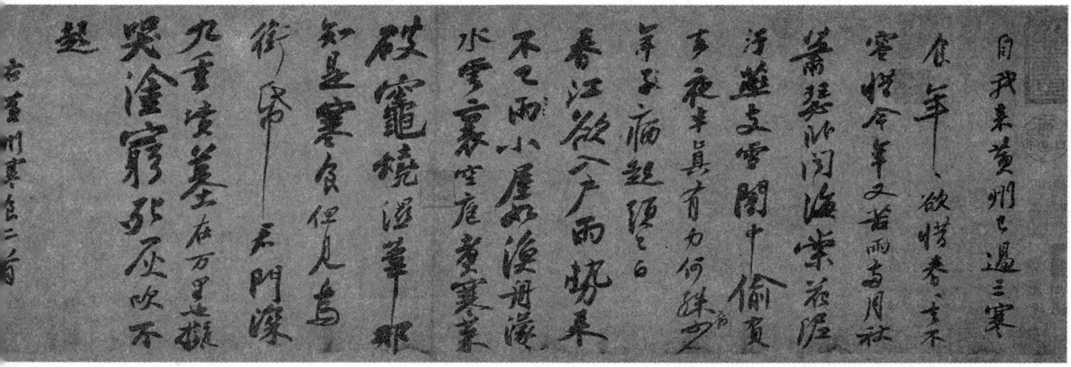

《千古风范苏东坡》依托对苏东坡人物性格特征的梳理和展现，连通其传世作品与非凡境遇，透视其跌宕人生和艺术高峰，从而勾勒出这位多面艺术巨匠更为清晰完整的轮廓。

“四川造”纪录片《千古风范苏东坡》开播

川观新闻记者 边钰

几乎每一个中国人，都会在不同的境遇里与苏东坡相遇。

一生颠沛流离，一路吟啸徐行，赋予他众多的身份标签，也成就他精绝的诗意才情。东坡先生，究竟是怎样一个人？其精神，何以穿越历史烟云，流传至今？由中共四川省委宣传部、眉山市委宣传部、四川广播电视台联合摄制的历史名人纪录片《千古风范苏东坡》于2023年2月22日、23日在央视纪录频道和四川卫视联动播出。这部精心摄制的纪录片，依托对苏东坡人物性格特征的梳理和展现，连通其传世作品与非凡境遇，透视其跌宕人生和艺术高峰，从而勾勒出这位多面艺术巨匠更为清晰完整的轮廓。

跨越山海 走近东坡

对于历史人物题材纪录片而言，时间的流动性很难通过影像手段进行纪实性再现，但空间的构建是可以实现的。纪录片摄制组相关负责人介绍，面对苏东坡这样因宦海沉浮而四处漂泊流离的经历，其所抵之处都成为摄制组的选景点。为了能够与苏东坡走得更近，摄制组跟随着东坡的足迹，踏寻四川、海南、广东、江西、湖北、河南、山东、安徽、江苏、浙江等

14 个省（自治区、直辖市）27 个地区，调研海量的史实资料，结合最新的研究成果，汇集 77 位专家学者的意见，还原出最丰富多元、最接近本真的东坡形象。

该片着墨于四川但不局限于四川。从“孕奇蓄秀当此地，郁然千载诗书城”的故乡眉山，到“问汝平生功业”的“黄州、惠州、儋州”，每一个镜头和场景，都见证和刻印着苏东坡浩然不朽的伟大生命、旷古烁今的文学造诣、敢作敢为的正直作风和乐观积极的人生态度。

独特视角 读懂东坡

目前，关于苏东坡的影像作品已有很多，有的串起他颠沛流离的政治生涯故事做纵向梳理，也有的基于他不同类型的文学艺术作品做横向讲述。《千古风范苏东坡》另辟蹊径，打破纵横维度，以人物的品格、情感呈现为主要线索，从而连通文学作品与人物生平境遇。

摄制组相关负责人透露，该片将关注和表现的重点更多地聚焦在“人”本身，如苏东坡与政敌王安石“骑驴渺渺入荒陂，想见先生未病时”的相互欣赏之情；与兄弟苏辙“但愿人长久，千里共婵娟”的亲亲友爱之情；对亡妻王弗“十年生死两茫茫，不思量，自难忘”的质朴深情等，从这些最真挚的感情流露中，梳理苏东坡最动人的性格特质，借助多样的艺术手法放大呈现。

纪录片还将通过对苏东坡品格的生动呈现，通过选取他对“人人心中所有，而人人口中所无”的情感的精妙表达，使观众感受到他的奇绝才情，亦可感受到他遭遇现实打击之后依然对生活充满热忱。

现实辉映 追寻东坡

东坡风骨，跨越近千年。苏东坡和父亲苏洵、弟弟苏辙，三人同为北宋最具影响力的文坛巨匠，在唐宋八大家中苏氏一门位列三席，三苏文化成为中华民族重要的精神财富和宝贵的文化遗产。很多人都很想知道，这样一个“不知更几百年，方有如此人物”的天才是怎么形成的，他优秀的文化基因从何而来？该片也花了不少笔墨来描述苏东坡所处的时代和家庭背景。

因为苏东坡的不朽作品，正是他立足现实、心怀天下的情怀所投影，是在苏氏家族“昔我先君子，仁孝行于家”的传承积淀中所形成。这是铸就他旷达人生的精神基石，也是我们需要传承和追寻的人文特质。正如林语堂先生所说，“苏轼的肉体虽然会死，他的精神在下一辈子，则可成为天空的星、地上的河，可以闪亮照明、可以滋润营养，因而维持众生万物”。

这样的精神风范，有多大的影响能力，就有多深远的推广价值。

一代风流成就千古风范

王永刚

纪录片《千古风范苏东坡》是一部很有文化品位的作品，全片散发着浓郁的文化气息，传递着深厚的中华优秀传统文化意蕴。这部作品比较透彻地表现了苏东坡高尚的人品修养、人格魅力、精神追求和精神境界，在众多关于苏东坡的影视作品中，呈现出不一样的品格和气质，具有独特的文学、美学价值和地位。

苏东坡在文学史上被称为“苏海”——《东坡全集》传世有100多卷，诗作有2700多首，词作340多首，散文4000多篇，深刻地影响着世世代代的中国人，在他身上有很多标签。这部纪录片，让我们看到了“苏峰”——他的人品修养、人格力量和精神境界所造就的高峰。

这部纪录片立足于“风范”上，从精神追求、精神境界这个层面来表现，让我们看到了一个更深刻、更立体、更具有中华优秀传统文化气质的苏东坡，这是难能可贵的。正是这样的视角，成为这部纪录片的独特表达，也成就了这部纪录片的独特地位。

应该说，“风范”这个视角是最能表现苏东坡的精神境界和人格力量的。

首先，它能展示苏东坡与中华优秀传统文化之间的关系，把苏东坡与中华优秀传统文化的精神联系起来。苏东坡不是孤立的苏东坡，他是中华优秀传统文化的杰出代表，是中华优秀传统文化能与世界优秀文化比肩的名片。

2000年，法国《世界报》在全球范围内评选出12位“千年英雄”（1001—2000年），苏东坡是中国唯一的入选者。事实上，中华优秀传统文化之所以能独立于世界民族之林，能历3000年而不衰，不就是具有贫贱不能移、威武不能屈、富贵不能淫的卓尔不群的精神气质吗？

其次，它能揭示苏东坡的人格力量和精神实质。苏东坡在成长过程中，深受中华优秀传统文化的滋养。他一生经历大起大落，在文学艺术上和精神境界上造就了后人难以企及的高峰。纪录片把苏东坡一生的经历和体现出来的精神气质凝聚为“风范”，通过苏东坡的为人、为政、为文三个维度来表现，使本片呈现出较高的境界和美学品格。

通过苏东坡与欧阳修的故事，讲述其为人的风范。纪录片开篇讲述了苏东坡第三次到平山堂去瞻仰恩师欧阳修，并写下情真意切的诗作。这种尊崇先贤、不忘恩师的作为，足以触动心灵，垂范后世。

通过苏东坡与王安石的故事，讲述其为政的风范。苏东坡与王安石在新政的实施上唇枪舌剑，但都出于公心，为天下百姓着想。特别是金陵相会，相逢一笑泯恩仇，表现了士大夫的君子风范。

与兄弟苏辙“但愿人长久，千里共婵娟”的灵魂交流，对亡妻王弗“十年生死两茫茫，不思量，自难忘”的情深意笃，还有“莫听穿林打叶声，何妨吟啸且徐行”的坦荡胸怀等，这些情真意切的作品，体现出苏东坡最动人的为文风范。

一代风流成就千古风范。无论是为人、为政还是为文，这三个维度的风范，足以震撼我们的心灵，令后世追慕。有高尚之人格方有高尚之文章，纪录片围绕这三个维度引用的苏东坡诗文，不仅成为他人品修养、精神追求和精神境界的佐证，更通过对当代专家学者的采访，讲出创作这些诗文背后的故事，从而深刻地呈现出一代风流名士的心路历程和精神轨迹。

纪录片《千古风范苏东坡》所展示的苏东坡的精神风范和璀璨作品，已经成为中华优秀传统文化不可或缺的重要组成部分，成为现代国人的精神滋养。同时，这份滋养必将转化为今天扎实推进中国式现代化建设的强大精神力量。

作者简介

王永刚，成都文理学院传媒与演艺学院教授，四川省视协纪录片专委会副秘书长。

以情驭史 虚实相生 古今共鸣

王瑛

钟灵毓秀的四川，从古至今诞生了灿若繁星的诗人、学者，宋代文坛巨擘苏轼无疑是其中最为闪亮的一颗。他胸襟高旷、坦荡磊落，以独特的人格魅力感动着千百年来的人们。纪录片《千古风范苏东坡》紧扣苏轼人格之美，尊重历史真实，充分调动视听技巧，释放深厚的人文关怀和深刻的历史反思，品格不俗。

以情驭史 气韵灵动

苏东坡一生宦海沉浮，行至南北，又至情至性，多才多艺，早已是一代传奇。其人其事其文脍炙人口，相关影视剧也不少。要在短短一个多小时内演绎出令人耳目一新的东坡故事，面临的创新挑战可想而知。

本片别出心裁，放弃传统的时间顺序叙述，以呈现东坡的情感世界为核心，按照他不同人生阶段的心态变化串起全篇，叙述生平切入心灵深处，起承转合行云流水。

开篇解说词，用林语堂《苏东坡传》的序言“苏东坡是一个不可救药的乐天派，一个伟大的人道主义者，一个百姓的朋友……”为全片定下基调。影片选择最能体现这些人格特征的事迹，简要说明史实，详细展开事件背后的情感世界。

从东坡到扬州拜谒座师欧阳修的平山堂，倒叙三苏入京赶考，再讲到苏轼在朝堂上与王安石针锋相对，插叙苏轼与妻子的情深缘浅；从苏轼在湖州嗟叹百姓疾苦，引出朝堂变法之争，层层递进，充分展现他如何在颠沛流离、郁郁不得志的困境中心境蜕变，彻悟大道，既拥有“天容海色本澄清”的旷达超逸，又坚持“九死南荒吾不恨”的执着。

影片还通过苏轼引出那个时代的美德良俗，如欧阳修虚怀若谷，王安石与苏轼政见分歧但私谊甚笃，苏轼、苏辙手足情深，苏氏家族仁义传家等至纯至真的人间温暖，突出渲染一个“情”字。

优秀历史人物题材纪录片，一定会细腻展现人的命运与情感。本片不滞留在客观历史事件表层，而是深入掘进当事者内心世界，随情随性，因此具有极强的感染力和共情力。

虚实相生 情境再现

本片巧妙地结合了虚构与真实。

首先，创作团队走访了川粤湖桂琼等 14 个省（自治区、直辖市）27 个地区的东坡行迹，采集了丰富的材料。本片在实地实景镜头中传达客观性准则，让文物与遗迹奠定历史真实的物质性基础，开启观众对时代环境和历史风貌的想象空间。

从视听语言技巧来说，本片通过不同地形的风景空镜头转场，衔接自然，观众视觉感受比较流畅，也能明确意识到地点变化预示着苏轼人生另一章的开启，强化影片的层次感。

同时，创作团队不拘于实，采取演员扮演历史人物的情境再现技巧。如霞光拂照下，三苏父子昂首踏上进京之路；暮色苍茫中，苏轼在谪居孤山上手扶竹杖茕茕孑立等。通过“有人之境”把过去拉回现在，增强影片的故事性，给观众直观生动的在场体验，以虚构情景传递真实情感，实现荧屏内外情绪流的同频共振。

古今同调 多声合唱

本片将苏轼的文词以及当代学者的谈话资料交叉剪辑在一起，对单一历史事件进行不同角度的复调诉说，传达苏轼的人格魅力并反思历史纷纭的主旨。

首先，本片精选苏轼在不同时期创作的诗词文赋，如“十年生死两茫茫”“下视九万里，浩浩皆积风”等，这些作品反映了他思想变化的脉络，也蕴含着丰富而曲折的故事。诗词文赋的引用，有助于观众通过文学的视角，深切领悟东坡思想境界的发展升华，优美的语言文字也赋予本片浓郁诗意，扩充审美意境。

第二，对苏轼的遭际，本片还用当代学者的大量访谈作为解说与印证。本片采访了 77 位相关领域的学者，一方面，学者访谈为历史事件提供学术考据，增强本片作为真实历史记述的权威性；另一方面，学者的阐述将历史引入当下语境，寻找到古与今的共鸣。

复旦大学文学系教授王水照说：“苏东坡的影子始终在我身上，他教会我怎么生活，教会我怎么对待生活中的困难。”华东师大第一附中教师张明评苏轼：“他是冒着毁掉自己仕途的风险，去为被沉默的底层老百姓，被沉默的那些大多数说话。”这些动情的述说，揭示了苏轼超越时空的人格价值。

纪录片不是简单的拷贝现实，它要承担文化传递和价值延续的功能，表达对历史洪流中个体的关怀，启发观众深化对人生的思考。我们不厌其烦地一遍遍讲述古人的故事，不仅是为了普及古代文化知识，或是抒发思古之幽情，更重要的是，在历史的复归中实现优秀传统文化的现代性转换，借古人智慧激发我们应对现实问题的灵感。

本片最大的意义也就在于此。影片充分表现了东坡浪漫多情的个性、不折不挠的进取精神、悲天悯人的济世情怀，以及最难能可贵的达观超脱之胸怀。本片以苏轼的人生境界，为当代人指出了正视现实困境、以乐观态度善待生活的精神路径。

作者简介

王瑛，南京大学文学博士，四川师范大学戏剧影视文学专业讲师，四川省电影局项目评审专家库成员、四川省影协理论评论专委会委员、中国高校影视评论学会会员、四川省写作协会理事、四川省文艺评论家协会会员。主要研究方向为影视艺术、当代文学与文化。

平生功业知何处 万里风烟望眉州

袁一民

历史名人纪录片《千古风范苏东坡》着墨于四川但不局限于四川，从“孕奇蓄秀当此地，郁然千载诗书城”的故乡眉山，到“问汝平生功业”的黄州、惠州、儋州，每个镜头和场景，都见证和刻印着苏东坡浩然不朽的伟大生命、旷古烁今的文学造诣、敢作敢为的正直作风和乐观积极的人生态度。

独特视角读懂东坡，《千古风范苏东坡》以人物的品格与情感为主要线索。

该片打破了以往苏东坡题材纪录片的传统创作纵横维度手法，以人物的品格、情感呈现为主要线索，从而连通文学作品与人物生平境遇。该片将关注和表现的重点，更多聚焦在“人”本身，饱含情感张力。

在该片中，苏东坡的人生贯穿了儒释道的融合精神实践。

苏轼所处的时代北宋，政治相对比较开明，对学者文人具有极大的包容态度，对士大夫阶层的尊重亦超过历朝。同时，北宋特殊的历史背景下，政治环境十分复杂。政治的风云变化，势必会触动当时的文人士大夫。正因如此，宋代文人的政治参与热情高，民族忧患意识较前朝更强，“先天下之忧而忧”是当时文人士大夫阶层精神世界的表达。

苏轼出生于眉州（今四川眉山），他在《眉州远景楼记》一文中说：“吾州之俗，有近古者三。其士大夫贵经术而重氏族，其民尊吏而畏法，其农夫合耦以相助。盖有三代、汉、唐之遗风，而他郡之所莫及也。”

自小在眉山苏府，苏轼之父苏洵教导其“为文尚用，有为而作”，强调“有为而作”。苏轼继承了父亲的经世致用观点，将“有意于济世之实用”作为其做人做事的基本出发点。因此，观众不难理解，从小生在眉山书香世家中的苏轼，为何将儒家维系社会的纲常伦理和社会秩序的使命作为其九死不悔的信念，也容易理解纪录片中苏轼为何对北宋的变法改革具有执着的政治参与热情。

北宋时，眉山崇佛修佛之风盛行，对年少的苏东坡亦产生了巨大的影响。纪录片中有专家谈到，苏轼在文中写道：“昔予先君文安主簿赠中大夫讳洵，先夫人武昌太君程氏，皆性仁行廉，崇信三宝。”苏轼少时曾在多家寺院读书，如华藏寺、实相寺等。13 岁时，他开始阅读佛经。因此，自小佛教典籍的大量阅读，让他在人生的郁郁葱葱岁月中，受益良多。

佛教的淡泊和内省思想，将儒家的“功利与国，忠诚事君”的君子人格进行了完美补充。因此，当苏轼遭遇人生逆境时，能收放自如，展现了“一蓑烟雨任平生”的快慰之情，塑造了随缘自适的放旷潇洒人格。也让他在浩瀚辉煌的诗词中，创造出一种自我自由出入红尘的不羁豪迈风格。

此外，苏轼亦受到道家思想的影响，让苏轼在纪录片中的人物形象具有道家的飘逸和不羁性格，接受了老庄“万物齐一”“听其所为”的思想。纪录片中，“清诗健笔何足数，逍遥齐物追庄周”的人生哲学，一直伴随着苏轼的羁旅岁月和流放人生。

自幼在眉山长大的苏东坡，晚年回忆道：“眉山道士张易简教小学，常百人，予幼时亦与焉。居天庆观北极院，予盖从之三年。”道家的圆和融通思想，让苏轼在晚年时，每每思考人生境遇总能自得其乐，不再为境遇所困。这就是道家“安时处顺”思想作用的结果。

总体上来说，纪录片将苏轼的一生真实写照予以了全面交代，也能看出导演对苏轼的极度喜爱和还原真实历史人物苏轼所作的努力。为能与苏东坡走得更近，摄制组跟随东坡的足迹，踏寻14个省（自治区、直辖市）27个地区，调研海量史实资料，结合最新研究成果，汇集77位专家学者的意见，力图还原出最丰富多元、最接近本真的东坡形象。

纪录片中，苏轼被塑造成中国古代文人知识分子的典范化身，具有完美的人格特点。他在顺境中忠君忧民、刚直不阿，为了政治理想大胆上书；失意时，他随缘自适、本真生活，即士即隐的从容态度，让他的精神世界充盈旺盛。他的才情横绝古今，学识出类拔萃，胸怀包容天下，作品和事迹让“苏东坡热”得以绵亘恒久，近千年不绝。对他的个人研究，更是纷繁庞杂，浩如烟海。

该纪录片的叙事思路，基于对林语堂著《苏东坡传》的互文转换。从艺术创作的视野来看，其叙述者的角度似有所缺失。比起历史坐标中作为士大夫的苏轼对万象升平、海晏河清的社会政治目标，纪录片更关心苏东坡的生命理想及文人品性，在历史观的构筑上，偏向于与浪漫主义的文学批评理论结合，形成了林语堂式的文学化评论影视作品。

显然，对苏东坡这一中国最优秀的文学人物进行纪录片创作，仅凭导演团队的单纯喜爱和专家访谈是不够的。导演团队将苏东坡上升到中国古代文人理想化的人格代表后，唯一可做的事情，就是如何将这一理想化人格用影像语言予以表达。而这样的创作思路和叙事逻辑，在一定程度上忽略了对苏东坡这一真实历史人物失败经验的探讨。对历史真实细节的精微探寻表现不够，这也是该片让人略感遗憾的地方。

当然，一部70分钟的纪录片，显然无法承载事无巨细展现苏东坡全貌的记录叙事功能。也正因如此，苏东坡题材的纪录片等各类影视作品创作如火如荼，从不同角度勾勒出这位“千年英雄”的千古风范。

历史人物纪录片讲究以中立者的眼光去看待历史真实，其文直、其事核，不虚美、不隐恶。诗情画意的视听语言背后，首先要有客观中立的角度，进而是叙事框架和影调风格的构建。这必然对此种类型纪录片创作团队的创作态度、历史观念和创作内容提出了更高要求，让苏东坡回复到一个有血有肉的个体，最终让历史的归历史，让文学的归文学。

作者简介

袁一民，四川省电影家协会理论评论专委会主任，四川大学艺术学院戏剧与影视系主任、教授。

苏东坡君子人格的当代映照

郭玉秀 李蕊

君子，自古以来都是评价人品的重要尺度。孔子曾将君子之道概括为“仁者不忧，知者不惑，勇者不惧”。这样的人格魅力和精神境界，既是中华传统美德的人文践履，也是社会主义精神文明建设的内在需求。在中华上下五千年文明史中，苏东坡的君子之风散发着无与伦比的人格魅力。林语堂说苏东坡是“人间不可无一、难能有二”的人物，拥有“迷人的魔力”。

纪录片《千古风范苏东坡》以史料钩沉为据，以学者论评为辩，以辗转地点为序，以经典诗作为魂，借由细腻精致的视听语言和极富感染力的故事叙述风格，生动、立体、思辨地展示了苏东坡波澜壮阔、光辉灿烂的一生，再塑了苏东坡才情惊世、豪侠尚义、卓尔不群的魁伟形象，也让观众深刻领略到中国传统文人的君子风范。

智者不惑 成就大儒

智慧的君子，能洞察世事万物。苏东坡首先是一位天纵奇才的文人。作为一代大儒，苏东坡的智慧在文学造诣方面尤为突出。在《千古风范苏东坡》中，苏东坡的诗词成为本片的思想精魂。

从纪录片的叙事经纬中可以看到，苏东坡早慧，在少年时代即深受庄子影响，被庄子鲲鹏般俯瞰世界的理想人格吸引。奔赴科场之际，连当时的文坛泰斗欧阳修读到他的文章都不觉汗出：“此人可谓善读书、善用书，他日文章必独步天下。”为官之后，他因作诗被弹劾，酿成乌台诗案，几近丧命。刚走出牢狱，他即刻赋诗：“却对酒杯浑似梦，试拈诗笔已如神。”

历经风波后的苏东坡，几近成为一个躬耕的农民，向往陶渊明的豁达与超然，创作“和陶诗”，写下《念奴娇·赤壁怀古》等不朽诗作。即便是流放儋州，生命几无所依之际，他依然没有放弃读书著作。一边为海南培养人才，一边继续为五经作注，最终完成对《论语》《尚书》《易经》的注解，泽被后世。

如此看来，苏东坡能写出如此奇伟诗篇，缘于他独特的君子智慧：一是少小苦读，经纶满腹，用典自如。二是性情潇洒，万物皆诗，登山则情满于山，观海则意溢于海。三是精通哲理，神思邈远，故寂然凝虑，思接千载；悄焉动容，视通万里，与风云而并驱。

勇者不惧 一心为民

勇敢的君子，无所畏惧。苏东坡是一位为百姓仗义执言的勇敢官员。他敬畏自然、敬畏生命，面临生命威胁时，其实是心有惶恐的。正是源于对生命的尊重，他能战胜内心的惶恐，因此无惧，奋起抗争。

在纪录片中，我们看见了一位天真勇敢的苏东坡。风雨晨昏的视听语言变换，增强了苏东坡人生际遇的戏剧性和感染力。

初入仕途，他一边游历，一边遍访民情，因与长官政见不和而被惩罚。王安石变法，他不畏强权，甚至不畏皇权，始终站在百姓立场，为百姓疾苦进言，也因此开罪皇帝和王安石等人，从此人生起起伏伏，非常人所能忍受，但一心为民的立场从未改变。

他是这样的疾恶如仇，遇不惬心之事，便觉得“如蝇在食，吐之方快”。他曾上书直言：“是以知为国者，平居必有忘躯犯颜之士，则临难庶几有徇义守死之臣。”他又是这样的悲天悯人，在杭州期间，见到因违反新法的百姓被拘役，不觉感同身受：“执笔对之泣，哀此系中囚。”此诗文后来成为被弹劾的重要证据。

更让世人惊叹的是，苏东坡的勇敢不仅体现为抗争，更体现为一种务实的创造和建设。苏东坡曾书：“平生五千卷，一字不救饥。”决意把终生所学智慧转化为更为务实的行动。每到一处，他便兴修水利，解决当地百姓的现实困难。直到今天，西湖上的苏堤依然是一道独特景观。

如此看来，是大无畏的侠客风范、悲天悯人的济世情怀和披荆斩棘的执行能力，让苏东坡不同于一般读书人，成就了苏东坡刚正不阿、卓尔不群的个性魅力，深受人民爱戴。

仁而无忧 旷古达今

心怀仁义之人，与人为善，不结私怨，人生没有那么多的忧愁和烦恼。苏东坡既是一位才华横溢、独领风骚的文人高士，也是一位远涉山水、沥苦为甘的官吏。这是苏东坡为人的崇高境界，也是纪录片《千古风范苏东坡》所要弘扬的士人风范。

作为学者，他博学而谦和。虽然天纵奇才，但从不桀骜狂妄，尤其是对恩师欧阳修极为敬重，哪怕恩师去世多年，依然如昨。同时，很多年轻文人因仰慕他的才华而追随，他不吝赐教，成就“苏门四学士”的美谈佳话。

作为官员，他坚定而包容。虽然极力反对王安石变法，但却无个人愤怨。若干年后，王安石退休，苏东坡专程绕道江宁，拜见王安石。二人相互欣赏和尊重的大家风范，令人感佩。正如复旦大学教授胡守钧所言：“他们是君子之交高于政见，人的本质良知高于政见。”

作为家人，他温暖而慈蔼。一曲“但愿人长久，千里共婵娟”，歌尽苏轼和苏辙的兄弟情深；一曲“十年生死两茫茫，不思量，自难忘”，唱尽对妻子的儿女情长。对晚辈，他操心他们的家事，促成其姻缘，把长子苏迈培养成“有乃父之风”的官吏，把幼子苏过也培养成一代文学家。

纵观苏东坡之为人，不可谓不圆满。正如苏东坡所言：“吾上可陪玉皇大帝，下可以陪卑田院乞儿，眼前见天下无一个不好人。”又说：“人生如梦，一尊还酹江月。”他不仅可以和社会不同阶层对话，也可以和大自然对话，和宇宙对话。

“他把自己的心性，把解开人生有限、宇宙无限的矛盾突破点寄托给大自然，交给大自然。”从有限看到无限。他认识到人生如梦而非梦，以道家的无争修为而做人，以儒家的入世精神而做事。因此，在纷繁的尘世，苏东坡的旷古豁达尤其难能可贵。

纪录片《千古风范苏东坡》让这位闪耀着灼灼光华的谦谦君子，从历史长河中徐徐走来，笔墨影像中尽显其人格魅力。无论是居庙堂之高，还是处江湖之远，苏东坡怀仁慕义、澄澈清明、卓然而立的君子底色从未易改。这种君子底色浸润在他纵横捭阖的诗作、绘画、书法等艺术作品中，启迪今人不改初心，不落流俗，通古博今，踔厉前行。

作者简介

郭玉秀，西南石油大学硕士生导师，四川省文艺评论家协会会员，四川省电视艺术家协会会员，教育部青年择优资助课题负责人，《影视剧作法》教材副主编，发表论文20余篇，参与中央电视台大型纪录片《故宫》拍摄，独立执导的纪录片《我的父亲母亲》获凤凰卫视“中华青年同题影像大展”一等奖。

李蕊，西南石油大学在读研究生，组织和主持多项校园文化活动策划，热衷于校园文创产品开发、生产及宣传，校级奖学金获得者。

以别样的姿态展示苏东坡的精神风范

才彤

历史名人纪录片《千古风范苏东坡》，重点对苏东坡的人物性格特征进行梳理和展现，通过透视其跌宕起伏的生平境遇和千古流芳的诗词佳作，勾勒出这位人文巨匠更为清晰完整的轮廓，展现了苏东坡乐观旷达、淡泊致远、辉耀古今的精神风范。

该片以环绕交织的结构手法，再现苏轼的人生经历和心路历程。作品没有采用故事式的传统叙事方法，而是通过对大量史料的梳理，对苏轼生平路线的走访以及多元化的专家解读，展现苏轼的性格特征，展现苏轼如何成为苏东坡。同时，以其精神嬗变贯穿始终，通过文学、艺术、情感等多维度，展现苏东坡在世事风雨沧桑和草木万千变化中感悟到的“也无风雨也无晴”的生命真谛。

纪录片以苏轼就任扬州知州开场，以贡举考试引出苏轼的仁政思想——“以君子长者之道待天下”，这既是苏轼开启政治生涯的敲门砖，也是后续面对命运多舛而依然载歌载舞的关键动因所在。恩师欧阳修的见贤思齐、虚怀若谷，也是真正地践行了孔孟思想。从乌台诗案到被贬至儋州，苏轼心路历程和仁政之举历历在目。

孔子思想的核心是仁学，孟子将其发挥与延伸，提出“性善说”。孔子在《论语》中提出“忠恕观”，接人待物的忠恕，是“仁”的基本要求。这种“仁”和慈善，正是苏家一以贯之的家风。苏氏家谱中记载高祖苏釿“侠气闻于乡间”，有余财常常施舍。梳理苏东坡的诗词，不难发现，“儒道互补，三教归一”这种特点，在苏东坡身上尤其凸出。

居庙堂之高，他侧重于建功立业。遭受打击而处江湖之远，他又及时调整心态，在山水自然之间纾解压力。“吾上可以陪玉皇大帝，下可以陪卑田院乞儿。”他从儒家继承了慈善，从道家接过了齐物，又从道家学会了释然。他冶炼出一种新的混合人生观，“与天地精神往来，从短暂当中看到了永恒，从有限当中看到了无限”。苏东坡诗词里的“三教归一”精神，又与其家教家风一脉相承，唇齿相依，也形成了其性格特征。

多元化的专家解读是本片的亮点。复旦大学哲学院教授郭晓东、上海大学哲学系教授朱承、眉山三苏文化研究院副院长刘小川、四川西华大学人文学院教授潘殊闲等多名国内重量级专家纷纷在片中发表精彩观点。纪录片大量采用专家访谈同期声，不同专家进行有共鸣的解读、表述相通感触，更凸显苏东坡的人格魅力。

此外，该片对苏东坡的诗词歌赋以及书法等也有大量讲述。值得注意的是，苏东坡力图在诗文各体的打通上做尝试，把一些新体或旧体通过以文为诗、以诗为词、以赋为文等做法，使新体更加成熟，旧体别开生面。方圆互补、意在法外，这是诗学变通实践创造的精髓所在。

“莫听穿林打叶声，何妨吟啸且徐行。竹杖芒鞋轻胜马，谁怕？一蓑烟雨任平生。”这首词也许并不是苏东坡作品中文学性最好的，但其蕴含的人生价值对我们的人生意义有重大的启发。普通人或早或晚都会遇到坎坷，暂时会处于人生的低谷，甚至逆境中，我们将其称为风雨。当与人生的风雨不期而遇时，采取什么态度，这是最重要的。这些是没法回避的，所以要有充沛的精神力量来对付人生道路上的风风雨雨。

苏东坡在黄州、惠州、儋州写的作品，对我们有巨大的启发意义。十多年间，他从这三个地方走过，不仅是走过而已。他散发着人生的光辉，把逆境转化为事业上的顺境，这太了不起了。苏诗是中华文化的经典，是儒家文化的精髓，其最大的意义，是提升我们生命的境界，充实我们人生的意义，使我们自觉地追求诗意的境界。

苏东坡的乐观豁达，是文化软实力中的硬货。文化是一个国家、民族的根和魂，推进文化自信自强，传承文化文明，要注意创造性转化，创新性发展。纪录片《千古风范苏东坡》以其别样的姿态向观众展示了苏东坡乐观旷达、淡泊致远、辉耀古今的精神风范。

作者简介

才彤，毕业于南京大学，西华师范大学新闻传播学院讲师，四川省文艺评论家协会会员、四川省戏剧家协会会员。获“戏剧中国”作品推优奖、四川艺术基金戏剧编剧人才资助等。作品受邀参加乌镇戏剧节、大凉山国际戏剧节、2017ART 艺术节等。发表评论文章多篇。

风流既有 风范长存

胥勋池

历史名人纪录片《千古风范苏东坡》，以苏东坡的政治人生与文学人生交绕为主线，以社会人生轨迹驻留为节点，重现了近千年前那个至真、至性、至情，堪称有着完美人格、文格、士格的苏东坡。

该片从扬州平山堂入手，巧妙地将开启苏东坡人生衰荣之路的欧阳修联系起来，用大量的情景资料、众多的专家解读，展开了“不可无一，难能有二的人间绝版苏东坡”的人生画卷。

在片里，我们看到了一个无论是升迁还是贬谪，无论是身处平顺之地还是险恶之境，都始终闪耀着独特人性光芒、文学光芒的苏东坡。他以深厚的儒释道养成，自如地在放下自我、放空自我、放飞自我中切换人生，从而站上了文学制高点、人性制高点、道德制高点。

可以说，该片对一个在忠孝家风、诗书民风背景下成长起来的文化文学传奇，一个大写的苏东坡，在有限片时中给予了鲜活的呈现。

稍显遗憾的是，该片太过偏重人物的文学化个性特征表现，挤占了对苏东坡人生悲剧深层揭示的空间和时间，弱化了儒之大者苏东坡人格中沉雄厚重的道德所蕴含的情感力量，淡化了在政治变革背景下，苏东坡的民本思想与当时的君本思想的激烈冲突，及其表现出来的苏东坡的人性意志，减少了该片的精神文化、道德品格的分量。

苏东坡一生至情、至性。从“十年生死两茫茫，不思量，自难忘”的融入生命的夫妻情，“但愿人长久，千里共婵娟”的骨肉相连的兄弟情，“念无与为乐者，遂至承天寺寻张怀明”的心性相通的朋友情，到“永愧此邦人，芒刺在肤肌”“平生五千卷，一字不救饥”的悲天悯人的百姓情——从个人情感到社会情怀，苏东坡一生以博而广、深而沉的善性、仁爱、亲情，做就了站得起、立得住的千年道德文章。

他在入世之初的《刑赏综合之至论》中，开宗明义地写道：“尧舜禹汤文武成康之际，何其爱民之深，忧民之切，而待天下之以君子长者之道也。”自此始，他知行合一，以“民惟邦本，本固邦宁”为怀，不计得失，逆皇帝、怼权臣，反改革之弊、破守旧之功，“言必中当世之过”，不惜做新党不亲的朝政孤儿，做旧党不爱的政治跛脚鸭。

自乌台诗案始，一路被贬谪，“笑渐不闻声渐悄，多情却被无情恼。”他不再问“持节云中，何日遣冯唐”。及至贬无可贬，他忠爱不屈，生死看淡，不死还干，此事不干，另寻他干。纵然在“羊脊骨能吃出蟹的味道，连身边的几条狗都嫉妒”的旷达中有太多的无奈与酸楚，他依旧民本之心不移、民生之情不改。

在“空庖煮寒菜，破灶烧湿苇”的黄州，施“圣散子”药救民于倒悬，以自己的人格力量和道德力量，组织社会贤达、宗教人士拯救溺婴、保护幼小。

在“门生馈薪米，救我厨无烟”的惠州，他不仅蓄药治病，惠利百姓，还借当政者之力为解百姓“覆溺之忧”，甘冒僭越之忧，出谋划策营建东新桥和西新桥，并将皇帝所赐的犀带捐出，聊补建桥之资。更倾力推广武昌发现的秧马扯秧技术，促兴农事。

在已备棺选墓地的“食无肉，病无药，居无室”的儋州，融入黎民，治病救人。倡学风，易陋俗，讲学明道，以一己之力教化人文。

这是儒家“达则兼济天下，穷则独善其身”理想人生的超越，也是苏东坡进则兼济天下，退则教民化文、惠泽苍生的千古风范所在。如此，苏东坡“若问平生功业，黄州惠州儋州”的个人贬谪命运的悲情调侃，给出的是他“平生”社会功业的终极答案。

由此可见，本片对苏东坡文学人生的到位表现，社会人生的充分展现，难掩在苏东坡“一肚子不合时宜”的政治人生上着力的缺失，以至于《千古风范苏东坡》风流胜于风范。须知，世间“风流总被雨打风吹去”，唯宽仁厚德风范世代长存。

作者简介

胥勋池，四川省文联文艺人才专家库专家，四川省文艺评论家协会理事、新文艺群体专委会副主任。

第三章

赏·东坡

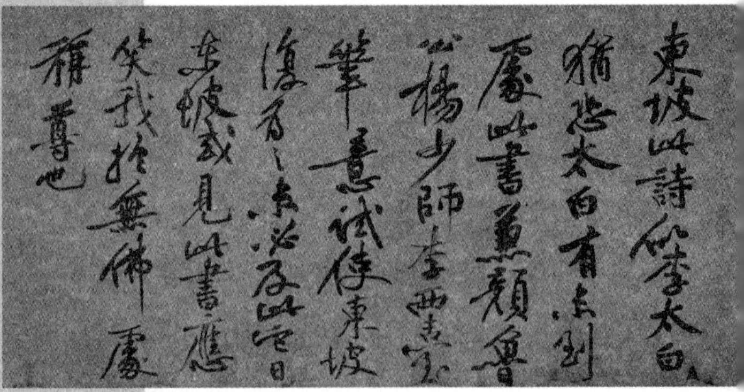

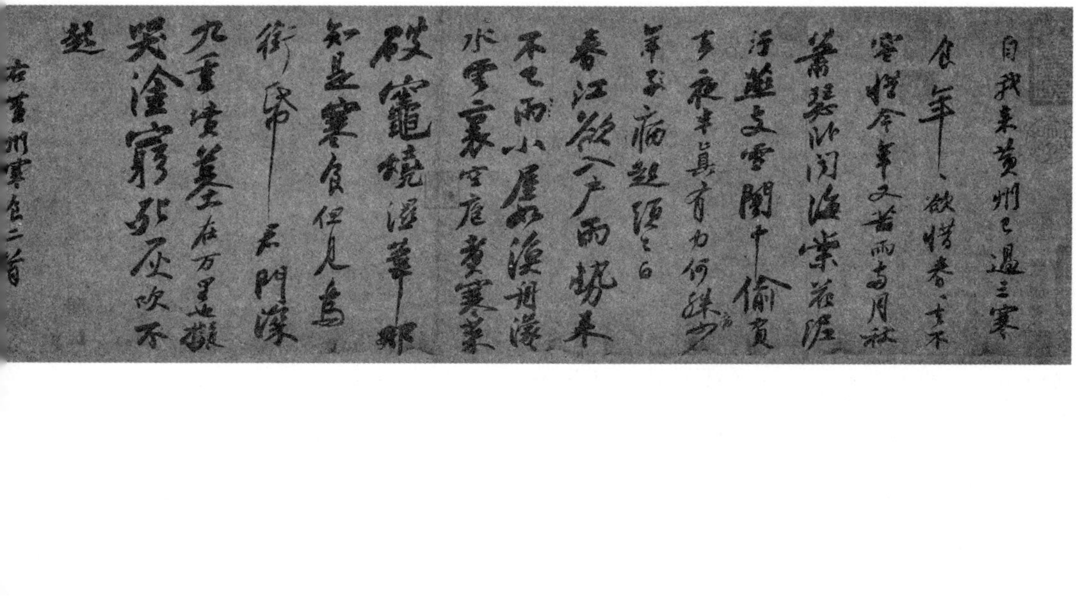

话剧《苏东坡》，以一种全新的艺术形式，用川人、川味、川情的艺术表现手法，向世人演绎了苏东坡起起伏伏的诗意人生，为观众塑造出一位宦海沉浮、才华横溢、守正不阿、乐观豁达的东坡居士形象。

话剧《苏东坡》
文旅融合释放苏东坡文化IP新活力

川观新闻记者 成博 李婷

“心似已灰之木，身如不系之舟。问汝平生功业，黄州惠州儋州。”1101年，64岁的苏东坡，在北归途经真州（今江苏仪征）金山龙游寺时，以自嘲的口吻，抒写了自己动荡漂泊的后半生，抚今追昔，感慨万千。

2022年11月19日，聚焦苏东坡从44岁到64岁逝世期间跌宕起伏人生经历的话剧《苏东坡》文旅版，在成都文殊坊二期妙剧场首演。透过《苏东坡·潇洒定风波》和《苏东坡·豁达寄沧海》两个篇章，话剧戏剧化呈现了苏东坡历经冤狱、贬谪、起复、放逐、北归的后半生，环绕舞台设计与说书、帮腔等艺术形式的运用，为观众带来一场沉浸式的观剧体验。

为保证驻场演出的品质和艺术性，该项目驻场演出的话剧部分由四川人民艺术剧院打造。此前，由四川人民艺术剧院、眉山市委宣传部、眉山市文旅局共同出品的原创话剧《苏东坡》，自2017年创排演出以来，先后获批国家艺术基金大型原创舞台剧目资助项目、国家艺术基金传播交流推广项目、四川省艺术基金传播交流项目，并获得四川省精神文明建设“五个一工程奖”、中央戏剧学院“第八届国际戏剧学院奖”等，在全国巡演50余场。

话剧《苏东坡》文旅版，是全国首个实现驻场演出的国家艺术基金项目。

四川人民艺术剧院有限责任公司党委书记、董事长、总经理罗鸿亮表示，苏东坡作为中华优秀传统文化集大成者，具有广泛的影响力，是能引起文化认同和情感共鸣的历史文化 IP。

“考虑到话剧《苏东坡》文旅版主要是面对游客群体进行演出，我们力求把它做得更生活化、更接地气。”罗鸿亮介绍，妙剧场内的舞台位于场地最低处，观众席位环绕舞台形成半圆，这样的设计可以拉近观众与演员之间的距离，演员的演出状态也更放松。同时，在《苏东坡》中设置的说书人角色，起到了推动剧情发展，同时向观众补充必要的历史背景的作用，川剧帮腔的引入对重要剧情进行渲染。

一蓑烟雨任平生

——评话剧《苏东坡》

袁一民

2018 年，四川人民艺术剧院编排的四川历史名人文化传承创新工程首部原创话剧《苏东坡》在成都锦城艺术宫成功首演。《苏东坡》中穿插着主人公故乡眉山的方言俚语，饶有趣味且平易近人，彰显了巴蜀地区的人情风味。话剧《苏东坡》以为官唯民、做事崇实、做人尚廉的中国古代文化史上的高峰人物苏东坡为塑造对象，通过对苏轼其人宦途、诗路、情感等方面的立体呈现，展示了一个富于创造力、乐观豁达、颇富情趣、才华横溢、守正不阿、为民造福的政治家、思想家、文学家、美食家的形象。

剧本以苏东坡的宦海沉浮为线索，结合了眉山成婚、湖州陷狱、汴京受审、杭州疏浚西湖、黄州躬耕东坡、惠州引水入城以及儋州教书育人等场面，这些场面不是以严格的时间为线索，而是以场面间的逻辑关系碰撞来组织。

苏东坡一生颠沛流离，既有鲜明的政治理想，又有旷达的襟怀，居庙堂之高则忧其民，处江湖之远则怡然自得。正如该剧导演查丽芳所说："苏东坡不是一位可望而不可即的圣贤，而是一个生活在现实之中，有血有肉，有着与常人一样喜怒哀乐的普通人……他大雅大俗的人格风采，让我们不可遏制地喜欢他、敬爱他、崇拜他。”

本剧编导在处理话剧《苏东坡》艺术创作的时候，既遵循了话剧舞台艺术的创作规律，又巧妙地化用了假定性和时空自由转换等戏曲的观念和技巧，通过总体布局以及时空处理的流动变化，赋予戏剧时空灵动诗意的美学特质。话剧让观众穿梭在现实时空和历史时空中，随着布莱希特“陌生化”理论的现代戏剧构建，让观众对苏轼的人格魅力有了更多的现代意义解读。

查丽芳显然试图通过这种戏剧化的处理手段，打破我们对苏轼形象、宋朝政治和宋朝风物的刻板印象，把观众从狭隘的线性历史日常关系的束缚中解放出来，摆脱习以为常的惯常化的历史典籍人物记载制约，不再采用自动化、机械化的方式，而是采用创造性的独特方式，使观众面对耳熟能详的苏轼有新的发现，从而感受到这位深刻影响着中国文化发展的诗人非同一般的现实意义。

众所周知，王安石和苏东坡是北宋中期两个耀眼的明星。他们在政坛、在文坛都有不俗的建树。不过，他们政见相左，在官场上针锋相对。包括《苏东坡传》中，二人的关系都是扑朔迷离的，充满了戏剧性。但是，总体来说，分歧大于互相认可，甚至升华到人格对立方面。

剧中，有两处途中行旅的情节设置意味深长。一场是已失势的王安石搭苏东坡的船，即使政见不一，但二人坦诚相待、惺惺相惜，巧妙地表达了两个大文豪之间公私分明、光明磊落的君子风范。这场戏中，编剧对王安石骑的“蹇驴”做足了文章，“蹇驴”成了这个坚定的改革者倔强执着内心的外化意象。苏轼的人格魅力和王安石的刚强气节互相彰显，相得益彰。

同样，苏轼对司马光提出的骑乘邀请，却予以了断然拒绝，因为道不同不相为谋的文人气节始终左右着苏轼的言行。被贬黄州以后，苏轼在“享受”这种贬谪生活的同时，还写下了流传千古的佳作，两篇月夜泛舟的《前赤壁赋》与《后赤壁赋》，还有一篇《记承天寺夜游》的小短文，以及著名的《念奴娇·赤壁怀古》。

另外，该话剧创造性地融入了川剧的“帮腔”“司板”和四川曲艺“说书人”的艺术角色，使曲艺与川剧完美融合，造成新奇的舞台效果，让整部戏更富有现代气息，也体现了传统川剧艺术和现代话剧艺术相融合的独特效果。

“说书人”在该剧里不仅担任串场角色，还引领了时空转移，甚至进入了剧目中的其他角色塑造。“说书人”身穿长袍，穿梭于各个场景之间，与舞台上的历史人物有一定的交流互动。他时而替台下的观众提出问题，时而为观众解释来龙去脉，既是故事的叙述者，又是剧情的评论者，将古今联系在一起。尤其是他带有浓浓川味的解说，“怕是不对头哦”“好巴适哦”，让观众不断在川剧韵味中“入戏”和“出戏”。

这些传统与现代交织的综合艺术表现形式，构成了整个话剧的综合立体叙事体系。在该体系中，苏轼既走进了观众，又不断被观众解构，让真实又遥远的历史人物，有血有肉，有魂有骨，既在身边屡屡被感应，又成为巴蜀文化记忆中的深远回响，让人回味无穷。

舞台设计也是该剧一大亮点。剧中“月下泛舟”一幕，在舞台的不断变换中，演员和背景被设置成宛如水中央的奇幻效果，小舟似乎在轻盈地划过水面，月色下泛起一圈圈涟漪，演员的形体动作和环境浑然一体，让观众沉醉其中。此时，缓缓低吟苏轼的《前赤壁赋》，一幕幕流动的宋代水墨山水画缓缓展开，苏轼的心境和宋代文人雅士的风韵不断展现，苏轼的人物特点和文学特征水乳交融，浑然天成，成为全剧的高潮。

诚如四川大学教授、中国苏轼研究学会名誉会长张志烈所谈到的那样，他对该剧的评价是："苏东坡是中国传统道德的体现、民族优秀文化的折射，美名传扬世界。现在，苏东坡文化的挖掘研究和传扬，吸引了各方之力，形成了非常好的研究苏东坡、传承东坡文化的局面。"

作者简介

袁一民，四川大学影视与戏剧系主任，副教授，硕士生导师。该文系四川艺术基金2022年度文艺评论人才项目"四川历史文化名人题材舞台剧的文艺评论创作"课题资助创作成果。

川人川味川情 演绎东坡精彩人生

——话剧《苏东坡》杂谈

李文廷

苏东坡是中国文学史上永远绕不开的重要人物之一，精诗文、擅音律、好书画、爱美食，可谓全能型人才。他的故事在后世以传记、小说、影视等各种形式广为流传，他乐观旷达的情怀影响着一代又一代中国人。由四川人民艺术剧院编排的话剧《苏东坡》，以一种全新的艺术形式，用川人、川味、川情的艺术表现手法，向世人演绎了苏东坡起起伏伏的诗意人生，为观众塑造出一位宦海沉浮、才华横溢、守正不阿、乐观豁达的东坡居士形象。

大量四川元素的融入

故事从皇甫遵奉命缉拿苏轼讲起。皇甫遵及众衙役快马加鞭前往湖州缉拿苏轼，演员们采用了我国传统戏剧中趟马的程式化表演技巧，用虚拟手法来表现骑马飞奔的情景，再配合密集的鼓点节奏，营造出一种紧张的气氛，将观众瞬间带回到近千年前的乌台诗案中。川剧“帮腔”更是贯穿全剧，在剧情关键节点多次出现，起到了画龙点睛、深化剧情的作用。同时，整台话剧还不时穿插四川方言对白，形成了普通话与四川方言杂糅交替的特点，不仅突出了四川特色，还增加了全剧的趣味性。

这些四川元素的立体式融入，既是话剧与川剧两种戏剧艺术形式有机结合的大胆尝试，更是创作团队强化和展现苏东坡蜀人身份的方式，让四川文化在剧情中自然呈现。

开启全新的演绎形式

话剧启幕，一群“说书人”登场。故事不直接从苏轼本人讲起，而是通过这群“说书人”的口，向观众介绍千古文豪苏轼姓名的由来，进而引入乌台诗案始末。“说书人”形象在全剧中不断出现，甚至穿越到剧中扮演各种角色，成为“串场人”，与主角苏东坡形成良性互动。

一系列的插科打诨，既有助于剧情的推动，同时也增强了全剧的诙谐幽默效果，还从侧面反映出苏东坡乐观旷达的襟怀。“说书人”在这里起到了以今人论古人、以旁人评名人的作用，是该剧的一大亮点。

简洁的舞美与道具表达

简洁的舞美设置与道具使用是话剧《苏东坡》另一突出特点。全剧借鉴了戏曲艺术简洁明快的舞美布景特色，更多地将舞台空间交还给台上的演员，让他们能够全力施展自身的演技。

乌台诗案始末的几场戏，舞台上除了关押苏东坡的囚车、弹劾苏东坡众官员的座椅，就没有其他多余的道具陈设，完全依靠背景和灯光的变化来呈现，简洁明快而不乏生趣。苏东坡黄州躬耕，更是让演员以虚拟的手法，通过肢体动作去表现清理碎石瓦砾的场景。

这一方面给予了演员极大的发挥空间，另一方面也是对演员演技的极大考验与挑战。纵观整部话剧，舞美设置和道具使用都显得极为简洁，创作团队将精力放在如何展现苏东坡这样一位伟大人物本身，通过人物对话、演员肢体表演等去呈现一个真实而立体的苏轼形象。

东坡诗文的立体式呈现

苏东坡为人所知，主要是因为他的诗文成就。东坡传世诗文不计其数，如何选取和编排则颇有讲究。话剧《苏东坡》中涉及《湖州谢上表》《猪肉颂》《前赤壁赋》《念奴娇·中秋》《和子由渑池怀旧》等众多脍炙人口的名篇佳作。每一篇诗文，或由苏东坡亲诵，或由他人朗诵，都恰到好处地配合着剧情的推进，同时也展现了不同时期东坡居士的不同心境。

《猪肉颂》更是被配以曲调，由黄州众百姓口中唱出。这里面既有苏东坡苦中作乐的豁达心态，也有他的闲情与才情的交织，更饱含着黄州百姓对东坡的景仰与爱戴。

通过这些诗文在剧中的穿插展示，观众看到的是一位文学奇才、美食达人、躬耕草民、旷达雅士，是有血有肉、立体丰满的东坡居士形象。

话剧《苏东坡》融话剧与川剧艺术于一体，采用诙谐幽默的手法，辅以大量地道的四川元素，是一台以全新手法演绎川籍历史文化名人苏轼的优秀作品。在表现手法上与时代接轨，符合现代观众的审美需求，是话剧舞台艺术的一次大胆创新与突破，值得观摩与借鉴。

作者简介

李文廷，四川省绵阳市三台县文学艺术界联合会副主席，中华诗词学会会员、陕西省诗词学会会员、四川省文艺评论家协会会员、绵阳市文艺评论家协会副秘书长。

第四章

品·东坡

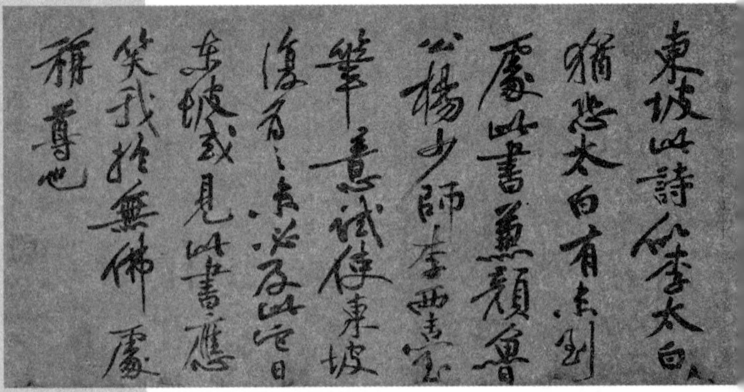
東坡此詩似李太白
猶恐太白有未到
處此書兼顏魯
公楊少師李西臺
筆意試使東坡
復爲之未必及此它日
東坡或見此書應
笑我於無佛處
稱尊也

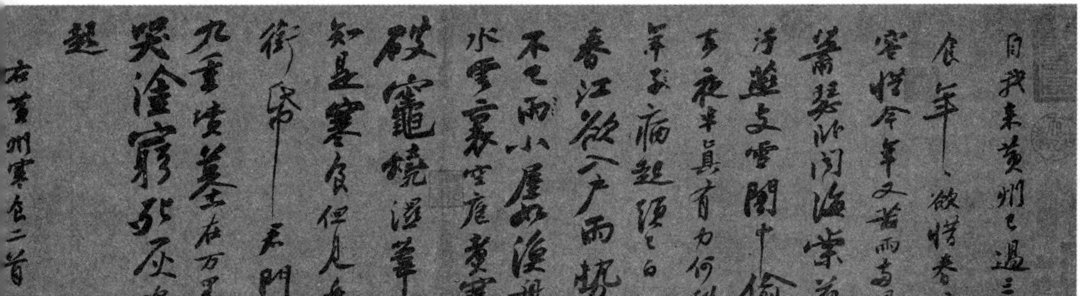

在阿来看来，苏东坡不仅取得了极高的文学成就，而且他刚正不阿的品格、乐观旷达的襟怀，依然是中华精神的重要瑰宝。“同时，今天我们不只应该了解苏东坡，更应该从文化品格、精神担当这样的层面，从更广阔的角度来问一问，在什么样的情况下诞生了这样的苏东坡，或许会对我们今天有更深的启发意义。”

阿来：也许我们更应该问一问苏东坡是如何“诞生”的

川观新闻记者 吴梦琳

2018年12月10日晚，由实施四川历史名人文化传承创新工程领导小组办公室主办、四川日报报业集团（《封面新闻》《华西都市报》）承办的“名人大讲堂”在四川省图书馆开讲。著名作家、四川省作协主席阿来以“东坡在黄州”为题，深入解读这位“千古文人”和他的精神力量。

在阿来看来，苏东坡不仅取得了极高的文学成就，而且他刚正不阿的品格、乐观旷达的襟怀，依然是中华精神的重要瑰宝。“同时，今天我们不只应该了解苏东坡，更应该从文化品格、精神担当这样的层面，从更广阔的角度来问一问，在什么样的情况下诞生了这样的苏东坡，或许会对我们今天有更深的启发意义。”阿来说。

少年成名的天纵之才

“一门父子三词客，千古文章四大家。”从眉山走出的苏家三父子，已成为中国传统文化的一个标志，尤其是苏东坡，更是成为近年来中外皆知的一代大家。他留下“大江东去浪淘尽”的万丈豪情，“千里共婵娟”的诗情画意，“十年生死两茫茫”的凄美深情，成就了古代文学和艺术的高峰。

阿来从苏轼的成长经历开始娓娓道来。

1056年，仅仅20岁出头的苏轼和弟弟，跟随父亲一起离家赴京城汴梁，参加科举考试。因一篇文章，苏轼获得当时身兼政坛领袖和文坛领袖欧阳修的大加赞赏，名动京师。“不仅欧阳修在多个场合公开高度表扬苏东坡，甚至当时的皇帝也欣喜地说，为下一代皇帝寻觅到了堪以担任宰相的栋梁之材。”阿来说。

“那个时候的科举考试，不仅考辞赋，更要考治国理念，策论强调为强国富民献计献策，并不仅仅是有文采那么简单。”阿来认为，纵观苏轼的一生，也并不仅仅是在文学和艺术上显示出过人的才华，包括治理西湖筑成苏堤，为官之时的种种爱民和创新的举措，甚至在美食上的成就，不放弃俗世生活中的小乐趣，都足见其“世间不可无一，难能有二”。

不因外界而改变看待世界的态度

阿来说，苏轼在很年轻的时候，其才华几乎得到了所有人的认可，写的诗词和文章被人竞相传抄，按说他的人生，完全可以青云直上、飞黄腾达。但是，纵观苏轼的一生，却比较坎坷。从少年得意到遭遇“悬崖式”降级，苏轼一生多次被流放，直到当时最遥远最偏僻的儋州，最后客死他乡。

阿来介绍，讲座的题目之所以叫“东坡在黄州”，那是因为黄州是苏东坡第一次遭遇到人生很大的挫折时被贬至的地方，在黄州之时，他甚至需要扛起锄头开荒来养活自己和家人。也正是因那块地名为东坡，苏轼给自己取名为“东坡居士”，让“东坡”一词名扬天下。

“苏轼小时候，是一个不愁吃穿的富家公子，少年又成名，甚至得到皇帝的高度赞赏。”阿来说。可以想象一下，被贬至黄州是一种多么大的人生挫折。但就是在那样的际遇下，苏东坡绽放出了他的文学成就中最灿烂的光华，写下了《寒食帖》《前赤壁赋》《念奴娇·赤壁怀古》等千古名篇，其中显露出的乐观和豁达，成为影响后世的最重要的精神标签之一。

“不论古代还是今天，也许大家都会有一个相同点，就是我们的命运总是有一些高低起伏。”阿来说。苏轼位高权重过，名扬天下过，少年得意过，但是，不论外界如何变化，在高低起伏中，他都没有改变他的内心以及对待世界的态度。

问一问苏东坡如何诞生的

“我们今天再来看苏东坡，除了了解他身上的耀眼光辉，其实也更应该深入探讨一下，伟大的苏东坡，究竟是如何诞生的？什么样的社会环境、什么样的地方文化，造就出这样一个惊世奇才？”阿来说。仔细看一下，“唐宋八大家”中的六家，包括苏门三父子、欧阳修、王安石、曾巩等，基本上都是生活在同一个时代，苏轼的诞生，其实离不开那个文化和艺术都达到高峰的时代。

“另一方面，从地域来看，苏轼身上的乐观和豁达，也与他的出生地、他的故乡——四川有着必然的关联。”阿来说。古代四川优越的自然环境，造就了天府之国，区域经济和文化的高度发达，也让这里诞生了包括苏东坡在内的大批历史名人。“放到今天，我们除了要以有苏东坡这样的旷世人才的老乡为骄傲，也应该深究一下，如何能够培养出更多的‘苏东坡’。”

李舫：十个关键词致敬苏东坡

川观新闻记者 吴梦琳

2018年12月24日晚，由实施四川历史名人文化传承创新工程领导小组办公室主办，四川日报报业集团承办的“名人大讲堂”之“苏东坡月”的第二场讲座在四川省图书馆星光厅开讲。

著名作家、《人民日报》海外版副总编辑李舫，用“豪放”“博喻”“瞬息”“信笔”“细墨”“佛老”“手足”“涅槃”“为官”“担当”10个关键词，解析了苏东坡的人生和思想，与现场观众一起致敬苏东坡。

诗书词画皆通的全才

苏东坡应该是在全世界最有知名度和最有影响力的中国文人，曾经被法国一家报社评选为影响世界的“千年英雄”。讲座开始，李舫引用了古今中外大量典故，表达对苏东坡的敬意。

李舫说，苏东坡是一位全才，诗奠宋调，词开豪放，所以第一个关键词就用了“豪放”。李舫认为，苏东坡这种风格，也跟他成长的这片巴蜀土地相关。李舫提到，四川是一个乐观的地方。苏轼性格的豁达和无所畏惧，造就了苏东坡词的豪迈。

不仅如此，苏东坡在书法、绘画等领域也很有造诣，因此她用“信笔”“细墨”这样的词来形容苏东坡。

“他的书法风格，是十分圆润的，饱蘸墨汁、淋漓入笔、圆圆润润。”李舫说。实际上，这种风格，跟当时主流的审美是不太一致的，从中也可以看出苏东坡性格中的洒脱。

苏东坡爱画画，也爱研究绘画理论，他首次对中国“文人画”进行了系统总结，开启了对当时甚至后世很长一段时间影响颇大的艺术思想风潮。李舫说，从东坡留下的那幅《枯木怪石图》，能看出他的绘画与他的诗歌风格一脉相承，与西方印象画所追求的有相似之处，就是跳脱被描绘对象的实际本身，强调意境与气韵。

善于发现美好的生活家

李舫说，苏东坡一生颠沛流离，数次被贬，总是在被迫行走，身不由己地走遍了大半个中国。但就在这颠沛的一生中，他用豁达乐观，以及博学多才，将自己培养成了一位善于发现美好的生活家。

首先从他留下的作品中就能体现，因此李舫用了“瞬息”“博喻”这两个关键词。“苏东坡作文、作词、作画、书法，最大的一个本领就是放大瞬间。作品中把很多生命中生活中的瞬间感悟，用轻快的比喻写出来，为世人留下了欢愉的一瞥。”李舫提到，苏东坡特别擅长比喻，用了很多前人不会用的比喻，有不少都来自生活之中，十分灵动、精准。“例如苏东坡的一篇文章《记承天寺夜游》，虽然短小，但其中充满了灵动的比喻和对生活的细致观察。”

除了这些著述之外，如今流传在民间的“东坡肘子”“东坡饼”等，也从另一个侧面见证了这位千年英雄对生活的热情。苏东坡爱美食、写美食，也要自己动手做美食。李舫说，苏东坡还爱玩，就算是被贬、被流放，到了当地，他也爱去四处逛逛，欣赏生活中的美景。

“贬至黄州之时，为了养家糊口，不得不扛起锄头当农民。苏东坡不仅没有自怨自艾，反而乐呵呵地以那里一块坡地给自己取了‘东坡居士’的名号。”李舫说。苏东坡既能够在得意时与民同乐，也能够在落魄时怡然自得。

从一个个体成为一种精神

“山积而高，水积而长。”李舫说，近千年前的苏东坡和今天的苏东坡，其实已不是一个概念了。“近千年前的苏东坡是一个个体，但是在今天，苏东坡已成为一种现象、一种精神、一种气质、一种风貌。”

“‘呵呵’在今天是一个在网络上被广泛运用的词语，但在近千年前，苏东坡在儋州时，写给朋友的信中，就曾用了40多次‘呵呵’。”李舫说。那是苏东坡生活最困难的时期，不仅生活艰苦，而且精神生活更是乏善可陈，于是他就带着儿子抄书。他用这么多“呵呵”，来笑度自己艰难的一生。

“苏东坡一生没有任何地方让他停留，他一直在不停地走，一直没有一个地方能够羁绊他。他的思想杂糅百家，非常丰富。苏东坡对人对事，都是一片光明朗照。”李舫说。

在被委以重任的时光里，苏东坡总是用满满的热情和强烈的社会责任担当，投身地方的管理和建设。在人生处于逆境的时候，在饱受劫难的时候，苏东坡能通过各种磨难，将自己修炼成为“吸纳无数颗星星、让自己发光的发光体”。

“东坡去世后，大概在一个世纪中，有很多很多人给他立传著评，直到今天关于他的传记也在不停刷新，超越了时间、超越了地域。”李舫说。也许正如西方汉学家所说，“苏东坡的文章里有自由自在的想象。他留下的文化遗产已经成为全世界人民共同的精神财富。”

写给东坡先生的一封信

郦波

编者按

苏东坡、李白、落下闳……2017年，四川首批历史名人出炉，名人伟业和风骨已通过各种方式广为传播。当国内文化学者用“遥寄书信”的形式与他们展开跨时空对话时，又将呈现出怎样的惊喜？

2020年4月22日，由实施四川历史名人文化传承创新工程领导小组办公室与喜马拉雅FM平台联合打造的“蜀风流人物”有声书信专辑正式上线，该有声专辑用跨越时空的书信对话迎接世界读书日，让四川历史名人“走”出历史、“活”在当下。那么，郦波的这封穿越时空的书信究竟写了什么？

东坡先生：

您好！

我是郦波。

人生如逆旅，我亦是行人！

身在旅途，半夜时分，忽然醒来，脑海中全是“藻荇交横”，竹柏之影，好想起身去承天寺寻张怀民，可是怀民与近千年前的承天寺俱不可得，遂于料峭春夜披衣而坐，给我无比倾慕的东坡先生写这样一封信。

记得前些日子入川，朋友以上好的川酒招待。席间有一友善饮，张口便是“会须一饮三百杯”，论及品酒观，更是唯有一句“人生得意须尽欢，莫使金樽空对月”。我当然也喜欢李白，可说老实话，我的酒量实在不好。在被频频劝酒的时候，我只好亮出从另一位四川人，也就是东坡先生您那里学得的饮酒观——不烂醉，不糟蹋，“诗酒趁年华”！

史传您爱喝酒，但酒量只有三碗，却又很少喝醉。原因只在于您有自己的喝酒智慧：一则不“拎壶冲”，二则不过量，三则微醺即起，起而作诗，又或挥毫作字。我觉得这才是真正的“酿酒为诗”啊！

我想，虽同为川人，您和太白真不一样，我喜欢您身上始终有一种从容且坚韧的欢乐力量。太白只能“人生得意须尽欢”，而东坡却能“人生失意也尽欢”！

遥想乌台诗案，大牢深坐，神宗派小太监来打探您的底细，却见您睡得踏实、笑得坦然，无怪乎林语堂先生也称：“东坡先生乃真正的乐天派。”随后，被贬黄州，艰难是自然的，您也曾有“拣尽寒枝不肯栖，寂寞沙洲冷”的落寞。但心向阳光的人，不会允许自己长久地沉沦。您在黄州城东的荒坡上耕种，完成了从苏轼到苏东坡的人生蜕变。此后，既有“大江东去浪淘尽”的豪纵，也有“多情应笑我早生华发”的豁达，亦有“回首向来萧瑟处，也无风雨也无晴”的淡定，更有“此心安处是吾乡”的超脱。

我翻史阅籍，发现东坡先生竟然是“呵呵体”的发明人。与友朋书信来往，结尾处必附以“呵呵”两字，当真可爱之至。笑，是您的性情，更是迎向生活的勇气啊！于是，就有了再贬惠州，艰苦更甚黄州。然则，生活予我以磋磨，我却报以大笑无拘。您的生活观比您的词作更令人钦佩——等待的时候，别忘了好吃好睡好心态啊！

您给黄州留下的，不止是《念奴娇》，不止是前、后《赤壁赋》，不止是《定风波》，更有“东坡肉”以飨古今食客。

到惠州之后，再用东坡肉加上当地盛产的梅干菜制成如今的“梅菜扣肉”，另用东坡鱼加上当地的陈醋，变成“惠州醋鱼”。还用当地的蔬菜搭配出独具美味的“东坡汤”。还自酿桂酒，起名为“罗敷春”。如今，我每次吃到羊蝎子，都想起东坡先生您在惠州时大爱的“羊骨缝肉”啊。银钱紧张，便买来羊脊骨慢炖，用牙签剔骨缝里的肉屑吃来解馋，言之“其鲜，有蟹味”。

您居然还在惠州整理出与美食有关的诗文书稿《菜羹赋》《食猪肉诗》《豆粥》《鲸鱼行》《酒颂》《老饕赋》，哈，以老饕自嘲啊，宣称“盖聚物之夭美，以养吾之老饕”。

后来，在儋州穷荒之地，还是依然不改吃货本色，吃生蚝、饮东坡玉糁羹，自己住的几间茅草房更以水果命名为“桄榔庵”，会客的小竹屋则名为“载酒堂”……

您这一生啊，唯信仰与美食没有辜负。真正活出了我等知识分子最向往的境界——人生失意也尽欢啊！

因为阳光，所以热爱，爱情就更是如此了。您一生分别和三位挚爱红颜感情深厚。

在密州的时候，您写下《江城子·乙卯正月二十日夜记梦》，被后世誉为千古悼亡之首。这一首怀念亡妻王弗之作，后人每每读来，无人不觉心痛啊！一代国学大师唐圭璋先生每每念到“十年生死两茫茫”，便一句一潸然。唐老也是30余岁丧妻，发妻早逝之痛，想来更有切肤之感啊！

或许，抚平一段爱情留下的伤痛，便是重遇另一段刻骨铭心。您生命中的另一个不可取代，便是王朝云。朝云随您流放惠州，爱唱您写的《蝶恋花》：“花褪残红青杏小，燕子飞时，绿水人家绕。枝上柳绵吹又少，天涯何处无芳草。”您也觉其词其意，唯朝云能懂。在朝云去后，便终生不复听此词。一个女人的慧心善解，是成就一个男人最好的方式啊！对您而言，这一生，发妻王弗是爱，续妻王闰之是暖，最后的人生知己王朝云则是希望所在，“是爱、是暖、是希望”，故而唯有您东坡先生，才是永远的“人间的四月天”啊！

情深未必只男女，挚友更显真豪情。在您眼中，天下无一个不好之人。上至达官贵人，下至士农工商，三教九流，皆可进入东坡先生的朋友圈。不以身低而冷眼，不以位高而色敬，这才是纯粹的赤子情怀啊！而这一点，也是最令我赞叹的您人性的光辉。

相传，当时杭州洪灾，流民疾病丛生，您的好友巢古手上有一秘方，名曰圣散子，专治此时的病疫。据说这个方子啊，巢古连自己的儿子都不传，您却软磨硬泡，非要他把方子给您。巢古让您在江边指江发誓，绝不再传他人。您先是发誓，转而拿到圣散子之后，就告诉那些制药的人，把方子散给大家去赈灾，救一方百姓。您是一代儒生，为人却不迂腐，宁肯背弃誓言，也要解救苍生。巢古当然知道您的性情，终其一生都与您相交情厚，在您被贬岭南的时候，专门跋涉千里去岭南探望，却死在了途中。这是一种怎样的惺惺相惜啊！

我常以为，检验男人成功的标志是事业的成就，但检验一个人的成功，要看他身边有多少人对他不离不弃。不论您风生水起，还是潦倒困顿，爱人和友人，始终在您身边不曾散去。当所有的情感放进历史的长河里，依然经久不衰地散发着不败的光芒，在感慨这些生死故交之余，我隐约在您身上看到了一种东西，这大概就叫“人格魅力”！后来，我无数次地入川来到眉山，无数次徘徊在眉山的灵山秀水前，才终于彻悟，应是这一方山水的天地灵气汇聚，才铸就了一个独具魅力的名曰“东坡”的人间奇迹。眉山当地传说，您出生的时候四周草木皆枯，想来这便是明证。

可是，有生就有死，有来就有去。1101 年的 7 月 28 日，大限将至。

您沐浴更衣，好友钱世雄、惟琳长老陪在身边。此时惟琳长老在您耳边说“端明宜勿忘”，这是劝您皈依佛门以求超脱。然则，一生喜欢佛学的东坡居士您却答道“西方不无，但个里着力不得”。虽然喜欢，却深知自己终不能成为一个彻头彻尾的佛教徒。因为在宗教和文学之间，树立着您一生为之奋斗的理想——做一个达则兼济天下的真正的儒生。

因此，您才是太上立德，其次立功，其次立言，不朽之儒生。您才是为天地立心，为生民立命，为往圣继绝学，为万世开太平的士大夫！

您从灵秀的眉州走来，一路走遍大宋江山，更走进了后世千万代无数仁人志士的心怀。

我的东坡先生啊！您是我的榜样，我是您的后学。但您我皆旅人，都要用整整一生来赴这场信仰的旅行，途中总有磋磨，人生何不尽兴！不论生活如何以痛吻我，何不开怀大笑似东坡！

东方欲晓，我与君行早！

且坎坷，且前行。

下一站，又要出发。

作者简介

郦波，中国古典文学与文化专业博士，国内首位文牍学研究方向博士后，南京师范大学教授，全民阅读形象大使，“中国诗词大会”文化嘉宾，中央电视台“百家讲坛”栏目主讲人。著有《五百年来王阳明》《唐诗简史》《宋词简史》《郦波评说曾国藩家训精华》《曾国藩人生修炼日课》等。其中，《五百年来王阳明》获评2017年度“中国好书”，《唐诗简史》入选2018年度“中国好书”60强。

祝勇：天府之国滋养了苏东坡的才气

文莎 川观新闻记者 肖姗姗

“千古风流人物，我最想写的，就是苏东坡。不是写一篇文章，而是用一本书，表达我的敬意。”故宫博物院影视研究所所长、当代著名散文家、中国新散文领军人物祝勇推出的新书《在故宫寻找苏东坡》，从艺术学这个全新的角度，书写了千古文人苏东坡的快意人生。在他的笔下，苏东坡是属于人间的，“亲切得就像身边的一个朋友”。

2017年9月17日，实施四川历史名人文化传承创新工程领导小组办公室策划组织的“天府名人堂·文化传习季”活动在方所成都店首开大幕，站上名人堂的首位嘉宾正是祝勇，讲的就是他在故宫里发现的四川籍历史名人——苏东坡。

谈及这个创新工程，祝勇点赞四川，称其“在历史中寻找资源，从文化里获得自信”。讲座开始前，《四川日报》川观新闻记者对祝勇进行了专访，从故宫到苏东坡，从北京到四川，历史精髓，漫漫长路，祝勇花了10余年去上下求索。

关于新书《在故宫寻找苏东坡》——更多地把苏东坡的精神世界与艺术史原物联系起来

川观新闻：祝老师，您好，欢迎您再次来到成都。今天我想从三个方面来跟您聊聊：第一，当然是您的新书《在故宫寻找苏东坡》；第二，是在您心目中的苏东坡；第三，是我们想要延伸出去的一个话题，关于四川启动的历史文化名人这个工程。

以前看过祝老师很多文章，在书写古人方面，李白也是多次被祝老师写到的。但为何最终选择了为苏东坡写得更多？并且出了这样一本极具分量的作品？

祝勇：千古风流人物，我最想写的，就是苏东坡。不是写一篇文章，而是用一本书，表达我的敬意。

一是因为苏东坡重要，每一个中国人，心头都萦绕着他的诗句词句。他的文学，几乎包含了我们精神世界里的所有主题。

二是因为苏东坡好玩。他机智、幽默、坦荡，乐于和自己的苦境相周旋，从不绝望，也从不泯灭自己的创造力。甚至说，他文化和人格中很多的亮点，都是由他所处的苦境激发出来的。苏东坡不仅让我们见证了世界的荒谬与黑暗，也让我们看到了人的潜能，看到了中国文化精神的茁壮。

这本书的真正动笔，是缘于一次失败的演讲。那是 2015 年 11 月，中国作家协会在海南博鳌举办中国文学首届博鳌论坛，作协安排我做大会发言。那天，我想讲的主题，就是以苏东坡为例，分析一个作家如何面对时代的困局。那本是一次即兴演讲，但是讲到苏东坡，却突然语塞，不知从何说起。他宏大、复杂而又精妙、细致，像迷宫，像曲径交叉的花园，让我突然间迷失，语无伦次。我不知自己是否被那个文化上的庞然大物吓到了，还没有准备好，就贸然地闯进了苏东坡的世界。那一次，我算得上落荒而逃——从讲台上落荒而逃，也从苏东坡的世界里落荒而逃。

苏东坡——近千年前的一个男子，让我充满了言说的冲动，却一时不知从何说起。他就这样在我的身体里不断地汹涌和搅动，不吐不快。聊可安慰的是，那次尴尬让我开始思考，怎样才能条理清晰地表达苏东坡的意义？这本书，就这样慢慢地现出了模样。

川观新闻：寻找苏东坡，大家会想到眉山、黄州、杭州……您却说，在故宫寻找。请您诠释一下这个书名，揭秘一下在故宫是怎样寻找苏东坡的？

祝勇：作为故宫博物院的一名工作人员，我更多地把苏东坡的精神世界与艺术史原物联系起来。本书拥有如此数量的插图，就是为了强调本书的图像志意义，以此证明历史本身所具有的物质性。两岸所收存的艺术史物证，实际上是在我们与苏东坡之间建立联系的一条隐秘的通道，并借此构建苏东坡的整体形象。正是基于此，本书取名《在故宫寻找苏东坡》。

川观新闻：在故宫钻研文物史料，是读“万卷书”，听说您为此还行了“万里路”？确切地说，是您在行了万里路、积累了非常多的素材之后，才决定要写这样一本书的？

祝勇：我不仅阅读了苏东坡的许多篇什，而且10余年之中，几乎走过了苏东坡走过的所有道路。比如前往苏东坡的故乡四川眉山；比如翻越艰险的蜀道，从四川进入陕西（当年李白从成都进入长安，走的也是这条道）；比如定州、河洛、江浙之行；比如自长江入赣江，体验十八滩之险；比如翻越南岭，抵达广东梅州、惠州；比如渡过琼州海峡，抵达海南……10余年间，我不是出于有意识的策划，而全然在无意之间，重走了苏东坡的道路。当书写苏东坡的欲念一天天明朗起来时，我才发现，这一切都是天意。

这本书首先是把苏东坡放置到人间——他本来就是人间的。全书的布局，我从苏东坡的生命中撷取了10个侧面，分别是：第一章、入仕；第二章、求生；第三章、书法；第四章、绘画；第五章、文学；第六章、交友；第七章、文人集团；第八章、家庭；第九章、为政；第十章、岭南。我尽可能将这10个主题与苏东坡生命的时间线相衔接。

川观新闻：说起苏东坡，大家好像都不陌生。感觉有这样两种读者：一种貌似对苏东坡很熟，但往深了聊，却不知所以然；而有的，可能穷尽一生都在研究这个千古风流人物。很想知道，您这本书，是否适合这两类人阅读？也就是说，是否既能普及，又能经得起学术推敲？

祝勇：我写作品，一般要照顾到这两头。一是要有学术基础，不能不靠谱，戏说、乱说肯定不行的。包括我之前写故宫的作品，不仅要有学术基础，还要有自己的发现。二是不是用学术的语言和学术套路来表达，学术语言太生涩，大众无法接受。要考虑到大众，门槛太高他们是迈不进来的。所以还要用文学化、引人入胜的方式。

川观新闻：您尤擅散文，这个大家都知道。您曾经说过，您是散文的叛徒。而通过《在故宫寻找苏东坡》可以看出，您的新散文创作功底相当深厚。翻开这本书，我看到的不仅仅是散文，可能上一篇我刚听您讲了一个动人的故事，下一页您已经在给我吟诵一首诗歌了。我能不能这样理解，这本书是您在为苏东坡著书立传，也同时标志着您的写作风格完全成熟，达到了独树一帜的新高度？

祝勇：我觉得，写一个人不必太拘泥于形式，一开始也没想是写成传记还是其他，我就是想写苏东坡。他是一个综合性的百科全书式的大师，历史上空前绝后。王安石说，不知道几百年，才出一个苏轼这样的人物。我觉得，到现在，近千年也没有出，中国历史上只有一个苏东坡，他对中华文明的贡献卓越。

苏东坡会玩，会生活，接地气。他不是拒人千里之外，让人不敢接近，而是让人很亲切。他心中有一个庞大的世界，但是他又像你一个朋友一样，你能直接到他家喝杯茶。这一点让人很有感触，他对朋友也非常真情，我特别想写，特别有表达欲望。写这本书，一个是因为我是故宫博物院的工作人员，一个是因为我对艺术史格外有兴趣，我的博士学位是艺术学。所以，我觉得从这个角度去阐述苏东坡的比较少，从文学的角度比较多。我有文学的角度，但更侧重于艺术的角度，总的来说，是一个全面的角度来阐述苏东坡。

我想，当文学家、著名词人，只是苏东坡的一个小的方面。苏东坡很可爱，让我写起来有劲，不是让我在博物馆肃然起敬、磕头膜拜的一个冰冷的泥菩萨，而是内心可以交流，甚至成为哥们的。我可以和他穿越时空对话，温暖亲切。

事实上，我们现实中很多问题可以求教苏东坡，他可以给你解答。只要你认真去读苏东坡的作品，体会他的作品，就会发现很多现实问题都可以被解答。所以，我的书是从这个角度去解读苏东坡的，是有人性温度的，不是冷冰冰的。

关于苏东坡——
他的文学包含精神世界里的所有主题

川观新闻：接下来，我们来聊聊您最想聊的人，苏东坡。在您心目中，苏东坡是一个什么样的人？我知道这个问题，您书中一定会有阐述，但我想要的答案是最简短、最精准的诠释。

祝勇：他是石，是竹，也是尘，是土，是他《寒食帖》所写的“泥汙燕支雪”。他的文学艺术，牵动着人世间最凡俗的欲念，同时又代表着中国文化最坚定的价值。他既是草根的，又是精英的。

川观新闻：其实，人的一生，一定是有喜有悲的。苏东坡也经历过大起大落，我同意他是乐天派的观点，但我仍然质疑，他难道没有悲伤过？不知道您有没有在一些书画、诗词间，找到过苏东坡的小愁绪？

祝勇：有，比如“十年生死两茫茫，不思量，自难忘”；比如“拣尽寒枝不肯栖，寂寞沙洲冷”；比如“回首向来萧瑟处，归去，也无风雨也无晴”；比如“人有悲欢离合，月有阴晴圆缺”；比如“小舟从此逝，江海寄余生”；更不用说“人生如梦，一樽还酹江月”……

这里面，有孤独，有相思；有柔情，有豪放；有挫败，有挣扎；有苦涩，有洒脱。他的文学，几乎包含了我们精神世界里的所有主题。于是，几乎每一个中国人，都会在不同的境遇里，与他相遇。

川观新闻：关于苏东坡，最后一个问题，您觉得您找到真正完整的苏东坡了吗？

祝勇：林语堂先生的《苏东坡传》，几乎是一部不可超越的杰作。此书的魅力，不只在于让我们了解苏东坡，更提醒我们对苏东坡的了解是多么的不够。我用了 4 年的时间翻阅 20 卷的《苏东坡全集校注》，试图以此向他那浩瀚无边的精神世界慢慢靠近。

关于历史名人文化传承创新工程——在历史中寻找资源，从文化里获得自信

川观新闻：今年（2017）初，四川启动了首批四川历史名人文化传承创新工程。7 月 12 日，首批四川历史名人名单正式公布，苏东坡在列。对于四川的这个举措，能谈谈您的看法吗？

祝勇：我在飞机上看到报纸上出来了两个整版，四川的历史文化名人的评选在全国都有意义。每个地方都有自己的历史文化名人，但是，怎么去梳理，怎么去传播？这是一个挺难的事情。所以，这个活动是评了 10

个人，经过对这10个人的总结，非常利于传播。

这个我觉得挺好的，这说明四川重视历史文化。今天我们讲的文化自信，它从哪儿来呢？我们知道，要从我们创造的历史和辉煌的文明中寻找。这些创造文明的人很牛。文化自信不能虚着说，一定要落实，认识和传播历史文化名人是一种方式，这种方式特别好。

川观新闻：如果前期让您来推荐历史文化名人，苏东坡一定会是您的首选。请您结合我们这个工程，阐述一下苏东坡最伟大的地方在哪？最值得后人传承的精神是什么？

祝勇：从中华文明史来看，苏东坡是一个文明的重要驿站。

中华文明从秦代算起至今有2000多年，到苏东坡正好是1000多年，正好走到一个节点，一个驿站，承上启下。宋代是一个集大成的时代，苏东坡就是这个时代的一个集大成者，他在很多方面都有很深的造诣，所以说，不能单一地去说苏东坡，会把他说小了，这就是他与历朝历代的历史名人所不同的。

他对后面1000年的风气产生很大影响，文徵明、唐伯虎都是从苏东坡那里获取养分的。在那个年代，大家都在继承他身上的闪光点了。所以，他特别重要。很难想象，没有苏东坡，中华文明会怎样？由他而形成的支流，又是蔚为大观。

川观新闻：以苏东坡为例，我们这个工程是要让其“活起来”，您觉得四川可以从哪些方面入手，让苏东坡及其精气神再现世间？

祝勇：千头万绪，我觉得以直接的传播方式比较好。故宫博物院做历史人物纪录片很久了，以后也还会做以故宫为主题的纪录片，这种比较直观和艺术化的方式来传播，比较好，通俗易懂，传播量大。《苏东坡》播出后，也比较受年轻人的追捧。还有李白、杜甫、扬雄，我们都可以进行影视综合传播，可以在电视台、电影院、网络，也可以在手机传播。传播渠道非常多，与大众的趣味相吻合。我觉得，其他综合方式如微信等APP、各种形式的文创都是很好的载体，用来传播历史文化。

还有一个很好的方式，历史文化资源要与当代审美结合，不能把它当作一个固化的东西，悬在空中，谁也不能动。前几天，我在喜马拉雅听王扶林说创作电视剧《红楼梦》时，他有一个出发点，《红楼梦》这部古典名著一定要与当时（20 世纪 80 年代）的大众审美趣味相结合，和当时的时尚相结合。他选择王立平作曲，因为王立平是一个通俗音乐人，当时有很多人不同意。我想，他们不懂王扶林要的是什么。王扶林说，这是一个传统文化与当代文化普及的原则，一定要有一个连接点，结合传统和当代。

川观新闻：您曾经沿着苏东坡的足迹，走他走过的路，看他看过的风景。关于他的出生地，四川眉山，您印象最深的是什么？

祝勇：首先，四川这个地方以眉山为代表，很多地方都很好，山清水秀，人杰地灵。天府之国是一个出大文人的地方，风水宝地。另外，四川是一个独立、独特的自然单元，因为中华文明传统意义上是以黄河流域为主，而四川算是长江流域文明，如嘉陵江、岷江。长江流域也出大文人，如屈原、苏东坡，都是了不起的大文人。

四川与中原文化的联系特别有意思，互相浸润，互相成全。它是一个一个互相参照、补充的关系。从成都去西安，这中间有一个秦岭。秦岭、川北我没有做过考察，就差川北这一段，我想将来有机会进行弥补。不去川北，难以体会蜀道难，不体会蜀道之难，难以体会当年李白、苏东坡是如何从蜀地前往长安，跟黄河文明建立联系。李白写的“黄河之水天上来，奔流到海不复回”，这个气度、文化吞吐量、视野都非常大。

所以，蜀道特别重要，是联系一个封闭的地理单元和整个中华文明的一个纽带，是一个必须跨过的屏障。蜀道能够使四川的文脉保存下来，除个别情况外，它是相对封闭的地理单元，跨越了之后，又与中华文化相融，既遗世独立，又相通相融。

川观新闻：苏东坡在四川生活的种种细节，故宫里的文物、史料都有反映吗？您能给我们讲讲故宫里藏着的四川元素吗？

祝勇: 有反映，但在四川没有这么细。他的成名，大多数是在出川之后，只有一小部分涉及四川，比如著名的《江城子》回忆前妻。苏东坡的手札墨稿，留存得比较多，我初步估计，有三四十张真迹，国外有一点零散的。虽然有些没有直接涉及四川，但不影响四川对中华文明的贡献，因为苏东坡的才气受到了四川这片土壤的滋养。

祝勇：苏东坡的艺术理念影响中国近千年

川观新闻记者 肖姗姗

2017年11月23日，在东坡文化国际学术高峰论坛上，故宫博物院影视研究所所长、当代著名散文家祝勇以“文人画与印象派”为题，剖析了苏东坡的艺术风格“萧散简远”“简古淡泊”。他认为，这是被苏东坡视为一生追求的美学理想，更是影响了此后近千年的中国艺术理念。

一生追求大道至简

祝勇认为，在宋代，欧阳修、王安石都确立了文人画论的主调，但文人画的理论是在苏东坡手上才臻于完善。“他放弃形似，强调精神的表达，认为‘论画以形似，见与儿童邻’。使绘画超越了客观描摹外物的阶段，而与人的精神世界产生更深刻的联系。”所以，苏东坡的画风，被祝勇赞叹为“大道至简”。他特别提到苏东坡的两幅代表作《枯木怪石图》《潇湘竹石图》，就将“简”这一美学，发挥到极致。

祝勇将苏东坡追求至纯至简的过程，定义为他所领导的一场艺术革命。他认为，这与宋代文化的内向型发展有关，“唐是向广度走，宋则是向深度走。正是由于唐代有广度，使佛学发展，刺激理学兴盛，才使宋有了深度”。

艺术理念影响中国近千年

祝勇直言，苏东坡的艺术理念，影响了此后中国艺术近千年。“比如深受苏东坡绘画影响的米芾，画法用随意泼洒墨水所造成的偶然性轮廓形成山水的主体。他的儿子米友仁的作品中，墨汁中也饱含水分，不仅用湿笔来解溶事物的形体，让形体更加自由，而且山水之中有烟岚弥漫，仿佛有水分子在阳光下闪耀和晃动。最典型的，是故宫博物院藏米芾《珊瑚帖》和米友仁《潇湘奇观图》。后人把米氏父子的山水画称为‘米氏云山’。”

此外，祝勇还列举了一系列深受苏东坡影响的画家——元代有赵孟頫、黄王倪吴（即黄公望、王蒙、倪瓒、吴镇）；明代有董其昌、沈唐文仇（沈周、唐寅、文徵明、仇英）；清代有石涛等，个个皆为大家。

领先西方艺术八个世纪

苏东坡的艺术理念，深深沁入近千年的画卷，提醒画家不断追问艺术的本质。而这样的艺术理念，比西方领先了整整八个世纪！

祝勇说：“到了19世纪中后期，西方艺术才在塞尚、凡·高、高更那里，开始脱离科学的视觉领域，转向内心的真实性。他们不再对科学的透视法亦步亦趋，而是重视自己内心的感觉，从而为西方开启了主观艺术的大门，印象派、野兽派、立体派、未来派等艺术派别应运而生。”

祝勇在研究中发现，西方印象派画家在描绘自然时希望达到的那种水汽氤氲的效果，与米氏父子的山水画不谋而合。“比如塞尚，不用线来表现物体的形状和体积，他认为线是一种人为的区分和界限，在自然界中并不存在，他不用传统的光影表现质感的方法来描绘立体感，而是用色彩的冷暖对比来表现。”

人人都爱苏东坡 近千年来为何圈粉无数

川观新闻记者 吴晓铃

美名流传的苏东坡，在世人眼里是怎样的存在？

他是法国《世界报》专栏作家和时任副主编的让・皮埃尔・朗日里耶眼里的“千年英雄”，“穷则独善其身，达者兼善天下”的博爱和豁达，让四川著名剧作家徐棻也成为不折不扣的苏迷。

2017 年 11 月 23 日上午，第八届（眉山）东坡文化节暨首届四川音乐周揭幕。开幕式上，让・皮埃尔・朗日里耶、祝勇和徐棻分别作了主旨演讲，他们娓娓道来，分享一代文豪苏东坡人人都爱的人格魅力。生动的讲解，深深打动了现场不少听众，有的观众甚至流下眼泪。

在跌宕人生中演绎“穷达兼善天下”

苏东坡的一生，既有被皇帝奉为座上宾时的飞黄腾达，也有长期被贬谪蛮荒之地时的坎坷逆境。但在两种不同的极端境遇中，他都表现出了穷达不变的人格魅力。正是这种魅力，让徐棻“迷到了极点”，几年前专门创作了长篇历史小说《苏东坡》。

徐棻说，苏东坡的“飞黄腾达”并不体现在财富上，而是体现在他充分利用了自己手中的权力，“为官一任、造福一方”。

说起苏东坡在密州、徐州、定州、湖州等地为官的经历，徐棻眼中写满了佩服。“密州是穷乡僻壤，苏轼到此工资减半，家里粮食并不够吃，仍尽全力做四件事：消灭蝗虫，赈灾救灾，捉拿盗匪，绕城拾婴。甚至为了鼓励百姓领养弃婴，还颁布领养的人家可以免除三年赋税的政令，堪称和百姓休戚相关、患难与共。”

到徐州这个繁华之地，结果苏东坡一去就碰上黄河决堤，于是誓与徐州共存亡的他，整整三个多月坚守在抗洪工地，助徐州渡过百年不遇的大洪灾。到定州这个北宋边陲重地，苏东坡又得化身军事家整顿军务，筑起抗敌防线。而到了杭州，在他治理下不仅留下了美丽的西湖，更建立了中国第一家面向百姓的官办医院——安乐坊。到水患连年的湖州时，苏东坡走马上任不到四个月就准备好了治水方案。

徐棻说，苏东坡在各州为官，有时还兼任“军区司令”，手握军政大权。“但在这些飞黄腾达的时候，他依然做到了自身的清正廉明，还做到了为官一任、造福一方。”

在徐棻看来，苏东坡的“达则兼善天下”固然让人敬佩，但在他身处逆境时不仅“独善其身”，依然“兼善天下”，“这样的苏东坡更让人着迷”。

苏东坡的“穷”，体现在他被逮捕入狱、被贬谪黄州、被流放惠州、被流放儋州时的穷愁潦倒、穷途末路。徐棻说，在黄州，苏东坡没有工资，只有当农民耕田种地养活全家。那里的贫瘠，让穷苦的百姓抚养不了更多的孩子，许多超生的婴儿，不得不被摁在水里淹死。“苏东坡出钱并募捐，成立了救儿会，为中国早期孤儿院雏形，挽救了许多小生命。”

在惠州，他又设法把闹水患的沼泽地改造为西湖，并教农民使用新农具秧马种稻以提高效率。其间，苏东坡到广州待了几天，发明了中国历史上第一管“自来水”，用竹筒连接法将罗浮山清泉引入城中，让广州人饮水再无苦味。待 62 岁高龄被流放海南儋州时，他继续创办官方医院，救治感染瘟疫的病人。不仅如此，他还在儋州讲学授课，培养出了海南历史上的第一个进士姜唐佐。

为何“人人都爱苏东坡”的话能在网络上流传？徐棻说，苏东坡无论穷、达，都能兼善天下，怎不让人着迷？“他在诗、词、书、画、文章各个领域的创新精神让我着迷；他在修桥、治水、扶贫、济困各方面的实干精神让我着迷；他的坚强、乐观、悲天悯人的精神也让我着迷。”

正因如此，徐棻才在79岁高龄的时候创作了长篇历史小说《苏东坡》，“我希望通过小说这种形式，能让更多的人了解苏东坡。了解苏东坡不仅是中国文化艺术的一座宝库，也是中华民族优秀精神的一座宝库”。

“千年英雄”让法国前总统着迷

在让·皮埃尔·朗日里耶眼里，苏东坡是一位“千年英雄”，这位中国古代文豪的魅力，甚至曾让法国前总统雅克·希拉克也为之着迷。

皮埃尔说，苏东坡的命运和作品，在欧洲尤其是法国，总能激起专家和学识渊博的读者的兴趣。他们将苏东坡视为中国思想史上最为重要的人物之一，“法国最出名的汉学家成安妮认为，苏东坡体现了‘文化和道义方面的人道精神’，而这正是‘极具批判精神并富有渊博学识的文人所追求的精神’。一些科幻作家，会借鉴苏东坡的文章进行科幻题材的创作。法国作家克劳德·罗伊，在1994年写下了《千年之前的朋友》的小说。此外，著名汉学家帕特里克·卡雷也以苏东坡流放到黄州为背景，创作了小说《永垂不朽》”。

更有趣的是，皮埃尔2000年在法国《世界报》上发表了苏东坡的文章后，当时的法国总统、同时也是远东文化专家的雅克·希拉克专门给他打电话，希望了解苏东坡的作品和生活。皮埃尔说，在他们长时间的通话中，他听希拉克讲到了苏东坡的写诗技巧、诗句长度以及形式和韵律，“我被这些深深打动，更惊讶地发现，在苏东坡去世近千年之后，居然我们法国的国家元首都对他如此了解”。

在皮埃尔的眼里，苏东坡就是今天所称的高智商天才。苏东坡是一名伟大而全面的通才，作为书法家时用毛笔阐释文字的美，作为词人开创豪放一派，还能通过文人画完成自我的表达。最令皮埃尔折服的，是苏东坡的精神和道德，“他热爱自由，具有强烈的独立意识和信念；他的诗词也充满战斗性，是一位有担当的文学家。无论身处何方，他总是保持自己的个性：有勇气、好交际、对他人仁慈、热情慷慨，冷静并且幽默，诙谐、庄重，热爱生活和家人”。

无论是主旨演讲，还是东坡文化节开幕式演出环节，嘉宾娓娓道来的东坡故事和精神，以及诗意呈现的东坡名篇名作，都深深打动着观众，现场甚至有人因此热泪盈眶。眉山市民陈秋萍说，她以前喜欢苏东坡，更多是喜欢他或豪放、或旷达、或婉约的诗词。“听了演讲后才发现，苏东坡的身上有太多的闪光点。他为官一方对百姓的关爱，身处逆境时的乐观胸怀，身陷政治旋涡时的不偏不倚，对生活的无限热爱，都值得今人学习，给人启发。这样的苏东坡，不只是眉山、中国的苏东坡，更是世界的苏东坡。”

祝勇：苏东坡如何影响中国艺术？

川观新闻记者 成博

“苏东坡是一个整体，他在不同领域的成就、贡献是互相渗透的。但是今天，我们只能把这个整体加以分解才能读懂东坡。”2023 年 1 月 18 日下午，名人大讲堂“东坡文化季”的首场线下活动在眉山三苏祠博物馆举行，故宫博物院研究馆员、故宫文化传播研究所所长、著名作家祝勇从苏东坡的诗词、书法与绘画三个方面入手，以“在故宫寻找苏东坡——艺术史视野下的苏东坡”为题，带领观众走近东坡、读懂东坡。

本次活动由实施四川历史名人文化传承创新工程领导小组办公室主办，四川日报报业集团、中共眉山市委宣传部承办，三苏祠博物馆协办。

诗词：苏东坡将个人生命体验写入宋词

在今天的人看来，唐诗宋词是中国文学史上两座并峙的高峰。但回到唐宋之际，从当时文人的记录以及社会对文学作品的评判可以看出，从唐、五代，一直到北宋前期，词只是扮演着文人士大夫宴饮娱乐时消遣的角色。“与承载着‘诗言志’的使命的诗相比，词的地位明显低很多。像欧阳修，他在有生之年会编自己的文集、诗集，但不会编词集。当时的文人并不重视词的写作和流传，写作的内容也主要在表达风花雪月、儿女情长。”

这种重视诗而轻视词的局面，正是由苏东坡来翻转的。“宋词有很多大家，但如果只能保留两位的话，我认为应该是苏东坡和辛弃疾。如果只留下一个人，我觉得是苏东坡。”祝勇表示，“苏东坡在杭州任上结识了词写得非常漂亮的张先。而自杭州之后，他也开始越来越多地把兴趣转移到词的写作上。到转任密州后，他开始重视词的创作，写下了《江城子·乙卯正月二十日夜记梦》《江城子·密州出猎》《水调歌头》等名篇。我们比较苏词的题材和内容可以发现，苏东坡对词的态度和当时其他文人是很不一样的，他把作词当作一件很正经的事在研究。”

苏东坡开启了一段“以诗入词”的尝试。“以往士大夫心里面有志向、有个人情感需要抒发，都是通过诗。但苏东坡用词来抒发个人生命的情感，在他心里，词取代了诗，发挥了诗应该发挥的作用，从格局上让词实现了飞跃。”祝勇表示。

“比如《江城子·乙卯正月二十日夜记梦》。据我所知，在苏东坡之前，词里虽然也会写女性，但所写的更多的是歌伎，苏东坡却用一首词来表达自己对亡妻的思念。”在祝勇看来，苏东坡的眼中，词就是抒发感情的一种方式，他要通过这种文学体裁，来表达自身情感、对社会历史的认知。

祝勇表示，将个人生命体验、日常生活用词的形式写出来，苏东坡以一种文学化的日常赋予了词全新的生命力，“只有创作者把自己的心血、血肉放到作品中，作品才会真正感人，因为个人内心的真情通着千万人的情感。所以虽然苏东坡的很多词不讲究辞藻的华丽、不讲究题材的重大，但是却在哪怕近千年以后，仍能激起我们的共鸣”。

绘画：苏东坡是真正的文人画大师

在宋代以前，中国绘画已经经历了相当漫长的发展，无论是东晋顾恺之的《洛神赋图》，还是五代顾闳中的《韩熙载夜宴图》，都是绘画艺术史上的经典。“但是，在很长的一段时期里，这些绘画作品都是在皇室、在贵族中流传，所表现的内容与老百姓的日常生活有着相当的距离。”

但是，到了宋代，从张择端的《清明上河图》中，大家看到的不再是贵族的游玩与宴饮，而是出现了挑担的、拉车的、拉纤的，乃至“送外卖”的平民形象。“宋代商业的繁荣，给艺术家们带来了丰富的社会生活题材。艺术家们也开始更多地关注自己周遭的生活、在绘画中表现自己的生活，表达自己的生命感受。这种转变，与宋词的变化是同步的。”祝勇表示，正是在这种社会氛围下，苏东坡开启了文人画的艺术尝试。

今天说到文人画，人们会把这种风格追溯到唐代大诗人王维，认为他是文人画的鼻祖。“但是，无论如何，苏东坡是文人画真正的大师。”祝勇说，中国的文人画不同于西方的风景画，“风景画追求的是像拍照片一样逼真地呈现自然，但文人画被看作是表达情感和认知世界的载体。当时的文人士大夫们认为艺术不是只能由某些人从事的特殊行当，每个人都有权利从事艺术。文人有了表达的愿望，除了写诗作词，也可以通过书法绘画来表达。”

苏东坡传世的《枯木怪石图》，就是此种文人画理念的典型代表。一株枯木、一块怪石，加上怪石下压着的竹子，就是这幅画的全部内容。祝勇认为，这个场景在现实中应该是不存在的，一定是苏东坡主观世界的表达，是他内心世界的延展。

据祝勇介绍，枯木是中国古代绘画中的经典意象，其看似凋零、枯萎的形象背后，往往蕴含着绘画者对于生命再生的渴望。“对于经历了那么多坎坷、那么多磨难的苏东坡来讲，枯木的这种文化意涵或许正是他的内心愿望。怪石下压着的竹子，同样与枯木的意涵呼应。竹子虽然被压着，但终有一天能够拔节生长。看上去是在画风景，实际上是内心情感和精神世界的表达。这使文人画超越了记录的功能，有了更多值得玩味的东西。”

书法：苏东坡将北宋写意书法推向了高峰

“苏东坡将北宋写意书法推向了高峰。”祝勇表示，在苏东坡之前，经过一代又一代书法家的探索和经验积累，逐渐总结出很多关于美的规律，这些规律在方便后来人学习写字的同时，却也在一定程度上抹杀了书写的个性。“比如明代编纂《永乐大典》、清代编纂《四库全书》，几千人参与抄书，但因为统一使用馆阁体，最后看起来竟然像是一个人写的。”

天性追求生命情感表达的苏东坡，显然不愿意被美的规律限制住，他主张基于美的共性基础上的个性表达。“有一次，米芾去见苏东坡，发现苏东坡私下里在临摹王羲之的作品，只是他从来不对别人说。”祝勇说，“这说明，苏东坡虽然强调彰显创作者的个性，但也非常重视基本的书写训练和美学规律。”

在传世的苏东坡书法真迹中，有他对自己诗文作品的誊抄，也有与友人的日常书信。两类作品相互比较，祝勇认为，写作相对随意的书信更能看出苏东坡的书法造诣。“比如他写给章惇的《归安丘园帖》、写给陈季常的《一夜帖》、写给赵梦得的《渡海帖》等，无不是他自己在《论书》中所说的‘无意于佳乃佳’的佳作，是各方面情感自然流露产生出来的作品。”

苏东坡的书法理念几乎笼罩整个南宋，后世可以看到的很多南宋人的书法作品，都可以看出苏东坡的痕迹。“今天我们没有人见过岳飞的真迹，但是，我们从南宋人曾宏父所刻的《凤墅帖》里，找到了三通岳飞的尺牍手札。因为是同时代人刊刻的作品，我们基本上可以确定这是岳飞的书法。从这通《致通判学士帖》的字迹来看，肥扁、左倾的书风，与苏东坡可以说是一脉相承。”

“苏东坡是在艺术即将沦为技术的背景下，将它重新带回了艺术正途，那就是强调艺术与人的生命联系，强调艺术中的生命情感表达。”祝勇说。

品苏轼的诗酒人生

李明泉

闪烁在人类文明天幕的群星中，有一组耀眼的星座，那就是用语言和情感点亮的诗歌；流淌在社会进步长河里流光溢彩的创造物中，有一种华美的壶觞，那就是激情燃烧和灵光凸现的琼浆。仿佛天上的诗语与人间的酒话一旦契合，这世界就生成无数美妙的组合，把人内在的心性和智慧导入汪洋恣肆、歌咏不绝、生生不息的美学世界里，人生便多了些许趣味与畅想。在中国诗歌史、中华文明史上，能够把诗、酒与人生妙合无垠地演绎得荡气回肠、惊天动地的无疑是百科全书式人物——苏东坡。

展现醇厚的别样人生

苏东坡的诗酒人生，是一个说不完道不尽、至今回味无穷的话题。他的诗词中无不散发着浓浓的、甜甜的、悠悠的酿味醇香。据专家统计，苏轼 2700 多首诗中出现酒字的有 450 余首，348 首词中出现酒意象的达 112 首。苏轼为何对酒情有独钟？酒，在苏轼人生全过程中具有什么样的特殊功用？诗与酒之间到底有着怎样的情思因果和内在联系？

1059 年 10 月，苏轼一家离开眉山，坐船顺岷江出川，历经各种艰难复杂的诗酒人生。在乐山停留期间，苏轼与嘉州酒税监官郭纶有交往。30

多年后的1090年（元祐五年）秋，苏东坡做杭州太守时，送一位姓张的朋友去嘉州做太守，非常羡慕，写道："笑谈万事真何有，一时付与东岩酒。"

1100年（元符三年）新年到来之际，有消息传来，说黄河已经重新回流到北边的河道中去了。当年东坡兄弟根据历史文献和多年的调查，以科学的方法推定黄河必然回到北边故道中，任何其他治理黄河的方案如果违背了这个推定，可能都属于劳民伤财，但是二人的主张被否决。新党上台，又把一顶治河无能的政治大帽子压在东坡兄弟头上。现在，天理昭昭，黄河重回北流故道，算是给东坡兄弟平反昭雪。于是，就在除夕前后，他酿制了一种新酒"天门冬酒"。苦难快结束了，有盼头了，加上又是新年，东坡十分欢喜。他说自己酿制的就像杜子美眼里的"曲米春"酒那样，整座房子都闻得到它的香味（"天门冬熟新年喜，曲米春香并舍闻"）。东坡站起身，打开书案左侧的木箱，里面满是书稿，装着《易传》《书传》《论语说》，东坡伸出带着老年斑的瘦长左手，抚摸着它们。

东坡将渡海北归了。

从老家出发到渡海北归，苏轼先后在凤翔、杭州、密州、徐州、湖州等地任职。元丰三年（1080），因"乌台诗案"被贬为黄州团练副使。宋哲宗即位后，任翰林学士、侍读学士、礼部尚书等职，并出知杭州、颍州、扬州、定州等地。晚年因新党执政，被贬惠州、儋州。宋徽宗时，获大赦北还，途中于常州病逝。

触摸高贵的精神世界

苏轼的精神世界无比宽广而深厚。

1061年8月中旬，26岁的苏轼参加制科考试，他在撰写的50篇命题作文中，系统阐述自己的政治主张、施政纲领。苏轼认为，知识是判断事物和针对已有观念进行矫正的基础。他在写给曾公亮的信中说："凡学之难者，难于无私；无私之难者，难于通万物之理。故不通乎万物之理，虽欲无私，不可得也。己好则好之，己恶则恶之，以是自信则惑也。是故幽居默处而观万物之变，尽其自然之理，而断之于中。其所不然者，虽古之所谓贤人之说，亦有所不取。"苏轼强调矛盾双方的统一调和，即中庸，他在《中庸论下》中说："不知中庸，则其道必穷。""古之所谓中庸者，尽万物之理而不过。""今之所谓中庸者，循循焉为众人之所能为。"中庸是苏轼的渐进论主张的基础。

考试后，苏轼前往凤翔为官。经过西京，与刘敞见面，在石林亭举杯对饮，喝到石头也同醉。

苏轼的旷达性格和处世方式，至今令人钦羡和感佩。

1062 年 10 月，苏轼在病中给子由写诗三首。因要照顾年老的父亲，只好放弃任命。他在诗中写道："万事悠悠付杯酒，流年冉冉入霜髭。"没有什么大不了的，喝酒吧，没有什么一杯酒解决不了的事情。生活在一个变化的、并非完美的世界，需要建立一个新的平衡，苏轼对子由谈到了自己的困境，以及所应对的方法。

1071 年 7 月，苏轼离开京城前往杭州，先去陈州见担任学官的子由。苏轼把子由沉稳、果敢、忠于内心的种种品德跟自己做了对比，说自己就像庄子所说的喝酒醉了摔跤的人，好在还没有受伤就醒了。到了闲散之地，可以安安静静过日子了。

苏轼时刻关注现实社会和黎民百姓的生活，将这些纳入诗词抒写题材，表达自己的情感好恶和审美取向。

1099 年春末，东坡喝了酒，去寻找那些渐渐有些熟悉的黎族朋友们。口吹葱叶的小童、符老秀才、说话尖锐的春梦婆，还有挡住去路的竹刺藤梢，以及用作指示方向的牛粪，黎族人民的生活内容进入到他的诗中。此时他半醒半醉，没有醉到径自酣睡，但是诗神却在身边。东坡走在陌生的土地上，但那土地上的人瞬间就成朋友和亲人。

苏轼同人交往不设防的亲近态度和与人为亲的境界，让人不禁感慨系之。

苏轼在尉氏县驿馆里遇到大雪，他与一个陌生人饮酒。陌生人面色黝黑，喝酒狂放，举杯即尽，二人喝了一宿。天亮挥手作别而去，苏轼发现，竟然不知道对方高姓大名。这一晚与陌生黑面人的酒聚，可见出苏轼的酒中情趣和人性奇异。

苏轼的天性是上苍赐予的，是先贤育化的，也是大自然沁润的。在大自然面前，苏轼的天性最为自由而欢畅。

1072年3月23日，探花使争相传报：杭州吉祥寺牡丹大开，游人如织。寺僧守璘的牡丹最好，数量上千株，入品者数百株。乐声妙曼而出，苏轼便挪不动步子了。花前摆开了筵席，金盘盛放着花朵，苏轼拈得一朵，戴在头上。酒也上来了，太守、苏轼、当地缙绅名流一共53人，皆簪花而饮。

这一年，苏轼37岁，簪花时，他不由得想到，我老了，戴花并不觉得难为情；但是花一定很难为情吧，因为花插在一个老人的头上，可能不愿意。化身为花的心理活动，是苏轼人生哲学的一个境界，万物平等。一个人天性的释放和无拘无束的流露，不做作不矫情不看他人眼色，这是何等的个性舒展与跅弛豪纵啊！

传布广博的文明样式

苏轼在《既醉备五福论》一文中说酒有五福："君子万年"，长寿之福；"介尔景福"，富贵之福；"家室之壶"，康宁之福；"高明有融"，好德之福；"高朗令终"，善终之福。苏轼眼中的酒，成了中华福文化的要义和精髓。

酿酒技艺是人类的独有创造。一部中华酒文化史，可以说折射出中华文明进步和惠泽民众的历史。酒为琼浆需好水。苏轼看到在湖北宜昌西北30里石鼻山下有一股能吐出月色一样的泉水，泉水跌落江中，激起浪花，呈深碧之色。他说这种经历千难万险形成的水，“岂惟煮茶好，酿酒应无敌”。这神奇的水，不单单能够煮出好茶来，如果用它酿酒，也许会独步天下。

苏轼对酿酒品酒很有研究。在儋耳饮酒时，酒有两种，一种是他自酿的酒，一种是黎族朋友带来的“小酒”。“小酒”属于快速酿成的酒，是生黎（住在偏远山洞、不征集徭役赋税者为生黎）的酿酒之法。不用麹蘖，而是把一种叫严树的皮叶捣碎，用清水浸泡，与酿酒的粳米和在一起，几天后就酿成酒了。另外，取石榴花叶与粳米同酿，也可以制成“小酒”。东坡把两种酒合入一樽，分而饮之。

苏轼兄弟与崔度贤良饮酒，喝了一款福建“赤如丹”红酒。有材料说“广、闽所酿酒谓之红酒，其色殆类胭脂”，这种像胭脂一样的红酒，据说唐代就有，李贺诗说，小槽出酒了，一滴一滴地滴下来，红红的，形状像一颗一颗的珍珠。

酒液点亮诗词想象激情，艺术升华文明形态空间。

诗与酒有如鸟之两翼，飞旋在民族追求幸福生活的浩瀚天空。苏轼爱酒、酿酒、品酒、咏酒，深谙其中三昧，他笔下的酒诗成了他人生的乐趣和知己。

一次，有个叫苏自之的人给他送来酒。他写了一首长诗《谢苏自之惠酒》，把那些在酒历史上留下种种典故的高姓大名，罗列了出来：庄子、韩愈、徐邈、阮籍、毕卓、刘伶、杜甫等，这个“酒神榜”仿佛编织成文明的璀璨星幕。

苏轼饮酒率性而为，诗性勃发。

他的《六月二十七日望湖楼醉书五绝》，酣畅淋漓地展现酒后新奇的想象力："黑云翻墨未遮山，白雨跳珠乱入船。""水枕能令山俯仰，风船解与月徘徊。"从躺着观察的角度来看，酒后不能支，显然是醉了。水波本来是摇荡着的，但是因苏轼躺在水波之上，水波因与苏轼浑然一体而不动，山就相对晃动起来了，风驱动的船，或者说风行如船，真的如同月亮一起在徘徊呢。酒，似乎专门给苏轼的诗歌灵感打开了一扇门——这扇门平时是不开的，一端起酒盏，就听得"吱"的一声，门开了。饮酒如此，作诗如此，当属东坡。

苏轼在《望江南·超然台作》写道："春未老，风细柳斜斜。试上超然台上望，半壕春水一城花。烟雨暗千家。　　寒食后，酒醒却咨嗟。休对故人思故国，且将新火试新茶。诗酒趁年华。"从酒文化来阅读东坡，却别有滋味，值得细品。

作者简介

李明泉，中国文艺评论家协会副主席、四川省社科院二级研究员。

为什么人人都爱苏东坡?

姜明

近千年来，他一直是神一样的存在。

余光中说，选择一个人结伴旅行，不选李白，他太自负和散漫，也不选杜甫，成天苦兮兮的，一定要选有情有趣又好玩的苏东坡。

刘小川说，苏东坡是诗文书画全能天才，“他生命的饱满度，人格的魅力，真的是千古一人。他是生活大师、热血智者”。

林语堂是苏东坡在近现代的骨灰级粉丝，他称苏东坡是“人间不可无一，难存其二”。

古代人给他唱赞歌的就更多了，元好问说：“自东坡一出，情性之外，不知有文字。”胡仔说：“中秋词自东坡《水调歌头》一出，余词尽废。”

连老外也来凑热闹，法国评选“千古英雄”，在全世界范围内挑选1001—2000年出生的各路豪杰，苏东坡是中国入选的唯一一人。

人人都爱苏东坡。我也爱苏东坡。

20多年前的一个夏日，第一次拜谒眉山三苏祠。苏门父子三人的传奇故事早就耳熟能详，得幸沿其故径老宅寻古探幽、梳理文脉，实乃酷暑中的大清凉，记得我曾经长时间地流连于荷花池畔、亭台长廊，眼中美不胜收，心里风起云涌。走着走着，我迷路了，按说宅子也不大，可就是找不到同伴和来时的路了。

多年以后我曾经反复回忆起当年那个场景，后来认定那其实就是一个巨大的隐喻：面对迷宫一样繁芜的苏轼，“迷路”是正常的，谁都不可能短时间内“抵达”苏东坡。

冥冥之中的这种机缘，让我对苏轼更加欲罢不能，我始终想搞清楚的就是：为什么人人都爱苏东坡？

天纵之才

人人都爱天才。说苏东坡是天才，恐怕没有人敢不同意。

1056年，21岁的眉州青年跨出蜀门，赴京科考，雄文一篇，一鸣惊人。主考官欧阳修以为文章系自己高足曾巩所写，为避嫌疑，将文章列为二等。真相大白之后，欧阳修憾疚交织，补偿性抬爱，可谓用尽“洪荒之力”，比如他逢人就说，“吾当让路，使其出人头地也”。更而甚之，他不惜损己以抬人，“30年后，无人再论老夫也”。

不要低估这些言论的力量。当时的欧阳修，名贯天下，身居要位，是不容置疑的文坛领袖。对于后生而言，没有什么是比前辈和领袖的公开示弱更诚恳和更有力量的抬爱了。从这个角度讲，恩师欧阳修，的确是苏东坡人生中的第一大贵人。

苏东坡一生经历了五位皇帝，林语堂说：“历代天子都对他怀有敬慕之心，历朝皇后都是他的挚友。”“神宗举箸不食，必是在读东坡文。”此言不虚，无论是击节叹赏“吾为后代谋两太平宰相（指苏轼和苏辙）也”的宋仁宗，还是“乌台诗案”的最高决策长官、差点杀掉苏东坡的宋神宗，或者是曾当过苏东坡学生、却一生与苏东坡为敌的宋哲宗，甚至是用那一手漂亮的“瘦金体”书写“元祐党人碑”、欲将苏东坡及其同僚长久地立于“耻辱柱”上的宋徽宗，骨子里边，他们都是欣赏甚至折服于苏东坡的才情的，无非是欣赏的方式不一样而已——才华如果不能为朕所用，那么才华越大，对朕及江山社稷的危害也就越大，所以，收监、贬抑、放逐，也就成了皇帝们“赏识”他的主流表达方式。

但是，另外一位皇帝的表达方式却与他的祖先大相径庭。在苏东坡去世60年之后，宋高宗赐苏东坡谥号文忠公，追授太师官衔，皇帝本人更是以圣旨的形式，大张旗鼓地为苏东坡平反和记功，态度虔诚，顶格评价，哀荣盛大，此盖棺之定论，完全是要使之“名垂宇宙”的架势——

……养其气以刚大，尊所闻而高明；博观载籍之传，几海涵而地负；远追正史之作，殆玉振而金声。……放浪岭海，而如在朝廷；斟酌古今，而若斡造化。不可夺者，峣然之节，莫之致者，自然之名……王佐之才可大用，恨不同时……

守正之心

苏东坡的一生，大抵可用“8341”来概括：

“8”是曾任8州知府，密州、徐州、湖州、登州、杭州、颍州、扬州、定州，“3”是曾三次出任尚书，即朝廷吏部、兵部、礼部尚书，“4”是指其四处贬谪之地，先后被流放至黄州、汝州、惠州、儋州，“1”是指他曾经当过一任皇帝的秘书，为皇帝起草诏书800余道。

宋代是一个崇尚文官的朝代，苏东坡名重朝野，早被宋仁宗视为宰相的后备人选，按正常逻辑推断，他理应成为朝廷重臣、国家栋梁，但是很遗憾，苏东坡一生中的绝大部分时光，都是在被贬谪被流放的过程中度过的。

余秋雨认为，苏东坡悲剧性的个人际遇，缘于当朝小人的围剿。

其实不然。我以为苏东坡的大好仕途，死于“自杀”。“吾性不忍事，遇不平事，如蝇在食，吐之乃已。”“操刀”者，正是其守正不阿、口不择言的个性。

1067年，19岁的年轻皇帝宋神宗，决定将帝国的巨轮，交由雄心勃勃的王安石来驾驭。王安石的本意是要增强国力、充盈国库、发展经济、改善民生，这固然是不错的，但是对于沉疴深重的大宋帝国而言，猛药之下，无异于乱箭穿心，于是乎，新政成了暴政，增强国力变成了与民争利。

彼时，尽管资历甚浅，但苏东坡几乎是出于一种本能，成了坚定的“倒王派”。权倾一时的铁腕宰相王安石自然是仇恨他的，多次向皇帝奏本告状。

神宗并没有偏听偏信，而是抛出了一枝碧绿的橄榄枝：召见苏东坡。1071年的那次君臣长谈的具体场景我们已经无从亲见了，但其间苏东坡的雄辩滔滔大义凛然，却是不难想见的，年轻皇帝为这位文化大儒的识见和锐气所折服，竟然想把苏东坡留在自己身边做“居注官”。

苏东坡对神宗皇帝显然也是有好感的，不然他不可能在之后的若干个日子里，殚精竭虑地书写3400余字的《上神宗皇帝书》。他依然是想影响皇帝，校正帝国的航向的。皇帝不置可否。理想破灭的热血青年苏东坡心灰意冷，离开朝廷，当地方官去了。

杭州、密州、徐州、湖州，他勤政爱民，广施泽惠，减赋、治吏、采矿、抗洪，把一个地方官的本分，演绎到了极致。

徐州舍命抗洪，保住了城池和全城百姓，获皇帝嘉奖。但谁能想到，此番龙颜大悦不久，1079年，苏东坡遭遇了历史上著名的“乌台诗案”。这起彻头彻尾的千古冤案，说穿了就是一群小人对苏东坡的集体陷害，是莫须有和文字狱的典型案例。无限欣赏他的宋神宗起意要杀他，定然是因为他在基层体恤民生，而与皇帝推行的新法，多有抵牾。

苏东坡没有成为御史台的刀下鬼，得益于太后的强力干预，更得益于“政敌”王安石的仗义执言：“安有圣世而杀才士乎？”

被关押100多天后，受尽折磨的苏东坡走出御史台，朋友们都劝他不要再写诗了，免得再次因言获罪，谁知道苏东坡却说，不写诗，好多人就要失业，他们等着分析他的诗，给皇帝写奏折呢，并当即赋诗一首：

平生文字为吾累，此去声名不厌低。

塞上纵归他日马，城东不斗少年鸡。

诗中暗含典故，嘲讽朝中当政的小人，并暗讽帝王用人不当，连苏东坡本人也意识到了这首诗有问题，写完就掷笔大笑："我真是不可救药！"

"乌台诗案"后，苏东坡被贬谪黄州等地，直到6年之后，他的春天再一次来临。

1085年，年幼的宋哲宗即位，高太后临朝听政，司马光重新被起用为相，以王安石为首的新党被打压。苏东坡以礼部郎中被召还朝，一路升迁；1086年任翰林学士，知制诰；1088年知礼部贡举。作为苏东坡的超级粉丝，高太后为他大展宏图提供了最大的政治舞台和想象空间。

当年苏东坡反对激进变法的王安石，现在苏东坡同样反对拼命压制王安石集团的司马光，并提出新法并非一无是处，不宜尽废新法。

这样，苏东坡既不能容于新党，又不能见谅于旧党，朝廷上控告他的奏疏，疾疾如倾盆之雨，朝廷待不下去了，1089年，他只能再度自求外调。

但是高太后实在是太欣赏他了。又一个春天到来了，但这短暂的春天，直接将他的人生发送到遥远的、不可逆转的冬天。

1091年3月，56岁的苏东坡奉旨回朝，先后担任了7个月的吏部尚书、1个月的兵部尚书、9个月的礼部尚书。

1093年，太后驾崩，苏东坡从此"身如不系之舟"，从北方的定州，到南方的惠州、儋州，穿越大宋朝的大部分版图，从中原文明昌盛之地，抵达蒙昧蛮荒的天涯海角，并将自己人生的黄昏，托付给了那一片海域和那里的乡亲。

黄州烙印

颠沛流离的命运，与集诗文书画天才于一身的生命综合体产生奇妙的化学反应，从而产生了璀璨而伟大的艺术作品。

对于苏东坡来说，黄州是一场梦魇，更是一个福地。对于中国文化史来说，黄州则是一颗熠熠闪光的明珠。“乌台诗案”后，苏东坡以罪臣身份赴任黄州团练副使。彼时，苏东坡一家老小 20 余口人，生计大成问题，养家糊口成了才子苏东坡的当务之急。向来不事稼穑的苏东坡，不得不把郁闷惆怅的个人情绪放下，将求生的目光投向寓所之东的一片荒地……

阅读苏东坡的传记和他在黄州的大量诗文时，我曾反复揣度诗人当时的心境，我想他一定是不快乐的，至少最初他是不快乐的，田园牧歌似的生活看似优美清新，但真正要以耕作换粮食，那确实是苦不堪言、粒粒皆辛苦的。

更何况诗人的特长是舞文弄墨，而田野里的刀耕火种，完全不是他们的心之所爱、力之能逮。最重要的是，他已是继欧阳修之后全国公认的文坛领袖啊！所以，当金黄的麦浪一层一层荡漾开来的时候，不难想象，44 岁的苏东坡的心里，一定也有一层又一层的苍凉，幕天席地地铺展开去。

所有人都能从苏东坡的《定风波》里看到他的豁达与洒脱，是啊，“莫听穿林打叶声，何妨吟啸且徐行。竹杖芒鞋轻胜马，谁怕？一蓑烟雨任平生”。已经是竹杖芒鞋、一撸到底的小老百姓了，还怕什么风雨？还矫情什么呀？“回首向来萧瑟处，归去，也无风雨也无晴。”勇敢地走进风雨，才发现，哪里有什么风雨啊，风雨与暖阳，无非都是自己的心理感受罢了。

此词给予读者的正向激励意义是不言而喻的，但就当时的创作背景而言，我个人觉得作者的自我劝慰意味依然是很重的，他试图通过这样一种场景描绘和哲学提升，实现自我与周遭环境、个人际遇的握手言和。

其实他始终处于一种矛盾的挣扎状态。

一方面说自己来黄州后所有朋友都不理他了，自己写信去都没有人回应，另外一方面又说自己有天被一个醉酒老汉骂了一顿，写信给朋友报告

“自喜渐不被人识”。

一方面说“自我来黄州，已过三寒食。年年欲惜春，春去不容惜”，悲叹自己命运凄惨，“君门深九重，坟墓在万里。也拟哭途穷，死灰吹不起”。于死灰之中怀治国之梦，个人的凄惶和怨艾，无以复加。

但另外一方面，他大量阅读古书，特别是与数百年前的陶渊明心灵相通，惺惺相惜，他忘情山川、遍访古迹和名僧，释儒道精髓在他心里完成了惊人的化学反应。

“江山风月，本无常主，闲者就是主人。”“月有阴晴圆缺，人有悲欢离合，此事古难全。”……

个人与自然终于达成妥协，当下与“永远”神奇对接，苏东坡已经不是来黄州之前的那个意气风发的文青兼愤青了，隐约呈现出了隐忍不发、吞吐山河的奇崛气象。

在黄州的3年，苏东坡在人生的困境中成功突围，艺术作品走向开阔、浑厚，富有卓绝之美的传世精品接踵而至：《定风波·莫听穿林打叶声》、前后《赤壁赋》、《念奴娇·赤壁怀古》横空出世，“天下第三行书”《寒食帖》惊艳四方……苏东坡在中国文化艺术史上，深深地打上了黄州烙印。

呵呵先生

苏东坡是典型的“呵呵先生”。

他成天乐呵呵的，书信中也常用“呵呵”，比如，“不尔，不惟到处乱画，题云与可笔，亦当执所惠绝句过状索二百五十四也。呵呵。”（《与文与可》）“呵呵。前此发书，并令子由转去，必达。”（《与王定国》）“一枕无碍睡，辄亦得之耳。公无多奈我何，呵呵。”（《与陈季常》）“近却颇作小词，虽无柳七郎风味，亦自是一家。呵呵。”（《与鲜于子骏》）……

他是时尚达人，领先了网络热词“呵呵”整整1000年。

跟那些经典的诗文书画同样不朽的，是苏东坡达观的生活态度，以及“思想的快乐，心灵的喜悦”。

他自己说：“吾上可以陪玉皇大帝，下可以陪卑田院乞儿，眼前见天下无一个不好人。”他一生数度大起大落，在朝廷上为民请命，不卑不亢；执政地方就爱民如子，造福一方；田野里问耕于老农，虚心而安详。

他跟我们普通人一样，灾难和变故来临时，也曾忧愁彷徨，但他很快能找到生活的支点，迅速调整人生站位，始终与人为善、快乐度日。历史上并不少见命运坎坷的文官，但是很少见像他一样始终与人生和自然握手言欢的智者。

我们爱苏东坡，不仅是爱他的名篇，更是爱他的生活态度。

我们来看一看偶像的黄昏。

1096年，被发配至荒凉的惠州时，苏东坡已经61岁高龄了；两年之后，再贬至海南岛的儋州——“食无肉，出无舆，居无屋，病无医，冬无炭，夏无泉”。

须髯尽白的苏东坡勇敢地抵达了瘴气凌厉、人兽同迹的惠州、儋州，在那里造屋、交友、写诗、治病、酿酒、烤羊排、制墨——他太贫困了，绝代文豪居然连写字的墨也没有，只能自己来尝试着制墨，不是太成功，差点把房子都烧了；同样不大成功的是酿酒，据说喝了的人都要拉肚子……但无论如何，苏东坡再一次融入了当地人的生活，在那里安详地度过了生命中的最后几年。

“问汝平生功业，黄州惠州儋州。”在我看来，黄州让他的艺术作品走向成熟，而惠州儋州，则真正让他的人生智慧抵达圆融通透。

黄州岁月，正当壮年，偏安一隅，自给自足，释儒道交融，思想斑驳多元，作品自然呈现出万千气象，但毋庸置疑，那时的苏东坡是不甘心的，他并非真的要做彻底隐居的陶渊明，他可能更把自己当成蛰伏卧龙岗的诸葛孔明，一有机会，他是一定要啸吟江湖的。

而在惠州儋州，他已经是风烛残年的老人了，除了三儿子苏过以外身边没有别的亲人，没有岁月可以折腾了，没有未来可以期望，他要做的，就是把天涯当故乡，踏踏实实过好每一天，不委屈，不抱怨，不苟且，把每一天都过成诗和远方，把每一个交往的人都当成亲人或者挚友。

“我本儋耳氏，寄生西蜀州。”他在这里办学堂，兴教育，许多人慕名赶来，跟着他学习。

科举制度设立几百年间，海南从没有人中举中进士。儋州后生姜唐佐拜苏东坡为师，受益良多，赴广州应考前夕，苏东坡在他的扇子上题诗:“沧海何曾断地脉，白袍端合破天荒。”东坡北归不久，姜唐佐果然成了海南中举第一人。7年后儋州人符确高中进士。儋州至今依然有东坡村、东坡井、东坡田、东坡路、东坡桥等遗存，连东坡当年使用的四川话，也流传下来了，依然在被一部分当地人使用。

这时的自得其乐，是更接近生命本质状态的真快乐，此间的心得笔记，也更诚恳不造作——

《松风亭记》写自己想到松风厅看风景，走着走着实在走不动了，反复纠结于到底还要不要勉强走到目的地，突然恍悟“岭南无处不生春”“此心安处是吾乡”“心如挂钩之鱼，突得解脱”，走不动，老夫就不走了，只要眼中有景，那么步步皆春；

突然吃到岭南特产荔枝，超级吃货苏东坡神情大爽，挥笔写下“日啖荔枝三百颗，不辞长做岭南人”；

在海南，初次吃蚝，赞不绝口：“食之甚美，未始有也。”告诫儿子苏过千万保密：“恐北方君子闻之，争欲为东坡所为，求谪海南，分我此美也。”

……人生的练达，如荔枝般玲珑剔透，你已看不到任何的矫饰与污垢;

此时的豁达与洒脱，已然百毒不侵。

为什么人人都爱苏东坡

我们每一个人，都可能在人生的某一个阶段，或者世界的某一个角落，与苏东坡相遇。

当我们临古抒怀，一定会唱“大江东去浪淘尽，千古风流人物”；当我们中秋赏月，自然会咏叹“但愿人长久，千里共婵娟”；当我们豪情迸涌，会高诵“老夫聊发少年狂”，“会挽雕弓如满月，西北望，射天狼”；当我们故作潇洒，劝慰自己或他人时，会说“莫听穿林打叶声”，“一蓑烟雨任平生”；当我们迷茫困顿，想跟世界玩失踪时，就说“小舟从此逝，江海寄余生”；当我们形容美人或者美景的时候，则说“淡妆浓抹总相宜”；当我们单相思或者被爱人伤害、误解时，会说“多情却被无情恼”，如果不幸被爱人抛弃，就说“天涯何处无芳草”；当我们伤悼亲人时，“十年生死两茫茫”“明月夜，短松冈”让我们泪漫衣襟；当我们迷茫日久，最终如梦初醒时，会惊叫“不识庐山真面目，只缘身在此山中”；当我们行踪不定、心思缥缈时，“人生到处知何似，应是飞鸿踏雪泥”会冷不丁地吓我们一跳；当我们勉慰长者老骥伏枥、归来仍少年，就说“谁道人生无再少，门前流水尚能西”；当我们心怀乡愁，而故乡却远在天边之时，就在泪光中告诉自己，“此心安处是吾乡”；当我们思考人生、敬畏死亡的时候，“哀吾生之须臾，羡长江之无穷”就成了背景音乐；当我们心手两畅，感受到生命的美好和流畅时，似乎唯有“行云流水”“行于所当行，止于所不可不止”的宽屏画面方能与之匹配……

我们还可能在餐桌上遇见苏东坡：东坡肘子，东坡鱼，东坡羹，东坡饼……

到处都是苏东坡。“可深情，可豪迈，可喜气，可忧伤。”（蒋勋语）

苏东坡千年前留下的诗词，已经成为我们说话造句时高频次使用的成语或词组。苏东坡的进退自如、宠辱不惊、嬉笑怒骂、安享当下，更是成为很多人的人格风标。

毫无疑问，苏东坡已经渗进了我们的日常生活。

已经有太多的人对苏东坡进行过精彩评价，今天，我也不妨试着用拙笔来给他画一幅像——

他是一个坚定的理想主义者，一个不合时宜的时政批评者，一个勤政爱民并且懂得审美的优秀官员，一个杰出的复合型天才艺术家，一个铿铿然作金石之声的政论文与嬉皮笑脸一点正经没有的打油诗交相辉映的文体高手，一个想象力和动手能力都很强的超级厨师兼吃货，一个被迫四海为家且能自得其乐的乐天派，一个珍惜当下、享受当下，始终与周边万物平起平坐、握手言欢的生命综合体，一个逆境中逆袭、绝境中圆融的励志典范，一个你我都可能遇到、欣赏、折服但是永远无法完全效仿的中国好男人。

画像完毕，回到正题：为什么人人都爱苏东坡？

文人爱他，因为他才华横溢，出口成章。

政治家爱他，因为他信仰坚定，矢志不渝。

老百姓爱他，因为他勤政爱民，鞠躬尽瘁。

历代皇帝爱他，因为他忠君爱国，刚正不阿。

失意者爱他，因为他顺境逆境、偃仰沉浮，永远豁达宽厚，充满人生正能量。

得意者爱他，因为他的旷放万古一人，千骑扫平冈。

男人爱他，因为他风流倜傥，粉丝如云。

女人爱他，因为他情深意长，颜值爆表（才华是最具杀伤力的颜值）。

吃货们爱他，因为他贡献了东坡肉、东坡饼、东坡鱼，还有羊蝎子。

杭州人爱他，因为他不仅打造出了“西湖”这张城市名片，还千百年来义务充当城市代言人。

惠州、儋州人爱他，因为他向世界证明，那里不是蒙昧之地，那里更接近传说中的桃花源。

黄州人爱他，黄州无非给了他一个栖身之处，他却让黄州成为中华文明史上的人文胜地。

四川人当然更爱他，他可以踏遍全中国，也可以号称是杭州人、惠州人、儋州人，但他却是土生土长的四川人，四川是他唯一的、永远的、不可以剥夺也不可以篡改的真正的故乡。

我爱他，呵呵，因为他是我的四川老乡。

作者简介

姜明，中国作家协会会员，四川省文艺评论家协会副主席。现为四川日报报业集团编委、四川日报社专职编委。在《人民文学》《北京文学》等刊物发表历史文化散文及其他文学作品多篇。

从巴蜀到天下
苏东坡与中华优秀传统文化的传承创新

戴路

苏东坡是从眉山走向天下，并且享有广泛国际声誉的巴蜀文化名人。近千年来，苏东坡不仅留下数量丰富的著述文章，也涵育了我们民族奋砺坚韧的品格气质和开放包容的文化气象，成为中华文明国际传播的典范。从苏家故宅的家庭教育，到为官执政的守其初心，再到东坡文化的对外传播，都为我们推动中华优秀传统文化的传承创新提供了生动案例。

优良家风 润泽后人

从读书蜀中到闻名天下，我们可以看到苏家故宅家庭教育的奠基作用，年少的读书经历为苏轼一生的知识结构奠定了坚实基础。

北宋庆历二年（1042），辽国重兵压境，宋辽战争一触即发，富弼临危受命，代表宋廷与辽帝谈判交涉，最终平息了战争风波。40多年后，苏轼在朝廷的指派下，为功臣富弼撰写神道碑，开篇就记录下富弼劝说辽帝的言辞："北朝与中国通好，则人主专其利，而臣下无所获。若用兵，则利归臣下，而人主任其祸。"富弼劝辽帝不要轻易开战，一旦打起仗来，国家的人马物资都会受到损害，而唯一得到好处的是那些升官领赏的臣子，他们可以从战争中谋取个人利益。这些让辽帝打消出兵念头的说辞，给年少时的苏轼留下了深刻记忆。

根据宋人《清波杂志》的记载，苏洵、苏轼、苏辙三父子曾经一起阅读富弼的《使北语录》。在读到富弼劝说辽帝的话语时，父子三人都感叹他把道理讲得很明白，切中要害。苏洵接着向两个儿子提问，在富弼此前，是否有人表达过类似的意思？苏轼马上回答说，汉代的严安就这样讲过，只是不如富弼讲得明白。苏轼就是在这样的家庭环境中成长起来的，年少的读书经历为他一生的知识结构奠定了坚实基础。

三苏祠是在苏家故宅的基础上修建的，苏轼在这里接受了良好的家庭教育。苏辙《次韵子瞻感旧见寄》云："结发皆读书，明月入我牖。纵横万余卷，临纸但挥手。"月下读书，成为父子三人共同的人生记忆。

苏洵经常指导两个儿子的文章创作。苏轼幼年撰写《却鼠刀铭》，苏辙创作《缸砚赋》，苏洵都极为称赞，让儿子把佳作钉在居所的墙壁上。苏洵写过一篇《名二子说》，介绍为两个儿子取名的意图。"轼"与"辙"都跟车有关，"轼"的本义是车厢前面的横木，它在车上所处的位置较高，扶着横木可以高瞻远瞩，所以苏轼字子瞻。辙是车轮碾过的痕迹，有车就有辙，"天下之车，莫不由辙"，所以苏辙字子由。

轼和辙的方位正好一高一下，正如《左传》所说："下，视其辙；登，轼而望之。"之所以取"轼"，是苏洵担心儿子不能修饰和表现自己，结果苏轼一生恰好是豪放不羁、才华横溢，但却为自己引来很多祸患，屡遭贬谪。之所以叫"辙"，是因所处的位置比较谦卑，这样反倒具有一种安全感，因为即使车倒马翻，也不会危及车辙，它能够在吉凶祸福之间保全自己。结合苏辙的个性，他是冲和淡薄、深沉不露，正如车轮的痕迹，而在仕途上，他也比苏轼走得更加顺利，能够更好地避免祸患。从苏洵取名字的寓意看，他已经预示了两个儿子一生的发展轨迹。

北宋时，有人给苏辙写信时说道："父子以文章冠世，迈渊、云、司马之才。"这是从整体上称赞三苏父子的文学才华超过了汉代擅长作赋的王褒、扬雄、司马相如。从文章学术的系统性看，三苏既一脉相承又相互补充。

以经部著作为例，苏洵主要致力于易学和礼学，著有《易传》和《太常因革礼》。苏洵作《易传》没有完成就去世了，苏轼便接着父亲作，所以又有《东坡易传》。苏轼在经学方面除了《周易》，还重点研究《尚书》和《论语》，所以著有《书传》和《论语说》。而苏辙也有《论语拾遗》，可以算作对东坡《论语说》的补充。除此之外，在父亲和哥哥没有专门研究的《诗经》《春秋》《孟子》方面，苏辙又有自己的见解，著有《诗集传》《春秋集解》《孟子解》，算是对父兄学术的一种补充。

北宋文学大家欧阳修曾经感叹："眉山在西南数千里外，一日父子隐然名动京师，而苏氏文章遂擅天下。"从读书蜀中到闻名天下，我们可以看到苏家故宅家庭教育的奠基作用。

砥砺初心 经世济民

苏轼的初心就是回归初心、不负初心、砥砺初心，做到对理想执着、以百姓为念、向国家负责，这是我们今天治国理政应该汲取的精神资源。

苏轼元祐六年（1091）五月在《杭州召还乞郡状》中说道："臣若贪得患失，随世俯仰，改其常度，则陛下亦安所用。臣若守其初心，始终不变，则群小侧目，必无安理。"联系上下文看，苏轼的初心就是正言直行、坚守原则。

在这篇奏议当中，苏轼强调"危言危行，独立不回"，坚持"直道而事人"，反对随世沉浮，始终不改"常度"。我们知道，儒家士大夫的处世原则就是坚持自身操守，而士大夫的原则和操守又构成国家纪纲的基础，所谓“天有常度，地有常形，君子有常行”。

在《杭州召还乞郡状》中，苏轼回顾了步入仕途以来的主要经历，不管是王安石新党执政还是司马光旧党上台，他都坚持为官的基本原则，绝不苟合流俗。虽然饱受政敌攻击、历经官场起伏，但始终不能动摇他对初心的坚持。概括起来，就是对理想执着、以百姓为念、向国家负责。

首先是回归初心，对理想执着。

元丰六年（1083），苏轼在给弟弟苏辙的诗歌《初秋寄子由》中写道：“百川日夜逝，物我相随去。惟有宿昔心，依然守故处。”他回忆起与弟弟一起在汴京城外的怀远驿读书备考的场景。面对时间的流逝，不变的是始终坚守的“宿昔心”。这个“宿昔心”，就是读书人学以致用、兼济天下的抱负。

在苏轼八岁的时候，他到乡校读书，这一年是宋仁宗的庆历三年，著名的庆历新政就在这年开始，范仲淹、韩琦、富弼、欧阳修等是这场新政中的活跃人物。当时有人写了一首《庆历圣德诗》，歌颂朝堂上人才济济的局面，所谓“选人之精，得人之多，进人之速，用人之尽”，令人叹为观止。

有一天，苏轼在学校里听到老师和一个长辈在讨论这首诗。这个朋友刚刚从京城回来，把庆历新政的消息带回眉山。苏轼在一旁悄悄地听，很快就能背诵这首《庆历圣德诗》，诗中一共歌颂了参与庆历新政的11位重要大臣。

苏轼就很好奇地向老师打听他们的事迹。老师说：“小孩子打听这些干嘛？”苏轼还是穷追不舍，他说：“这些人都是天上的神仙吗？如果是神仙，我就不过问了。如果就是凡人，我为什么不可以了解呢？”老师觉得年纪轻轻的苏轼很不一般，就把《庆历圣德诗》中11位大臣的事迹一一告知，并且强调，韩琦、范仲淹、富弼、欧阳修这四个人是最了不起的。

所以，年幼的苏轼虽然没跟他们见过面，但他们却在年幼的苏轼心中留下了深刻印记。后来，苏轼评价欧阳修时说：“自欧阳子出，天下争自濯磨，以通经学古为高，以救时行道为贤，以犯颜纳说为忠。”这是对庆历士风的高度评价。

那么，在仁宗朝，是哪些具体的人才政策促成了这样的局面？一个重要因素便是制举考试。宋仁宗天圣七年（1029），皇帝下诏设立“贤良方正能直言极谏”“才识兼茂明于体用”“茂材异等”等九科，统称为制举的“天圣九科”。苏轼在夸赞仁宗皇帝广纳天下英才时说：“非仁宗之大，其孰能容此万人之英乎？盖即位八年，而以制策取士，一举而得富弼，再举而得公。”

仁宗朝很多名臣都参加过这个制举考试。制举应试是“诵说古今，考论是非”，就是要对历史和现实能提出独到见解和对策。从这个角度看，苏轼的初心与仁宗朝“开口揽时事，论议争煌煌”的士风密切相关，这是他初入仕途的理想与抱负。

其次是不负初心，以百姓为念。

苏轼在《杭州召还乞郡状》中强调：“蒙二帝非常之知，不忍欺天负心。”“不负心”的具体表现就是贴近民众，关注民生。他在《谏买浙灯状》指出：“卖灯之民，例非豪户，举债出息，畜之弥年。衣食之计，望此旬日。陛下为民父母，唯可添价贵买，岂可减价贱酬？此事至小，体则甚大。”强调皇帝为民父母，要照顾卖灯百姓的衣食大计，不要减价降酬，与民争利。

在与司马光争辩兵役法规的利弊时，苏轼也将民众疾苦作为政策调整的出发点，既反对“免役”的聚敛民财，又担心“差役”造成贪吏滑胥欺压百姓，其论事议政的出发点就是民众的基本生活。他强调，役法不能给百姓增加负担，要以百姓喜悦、人情安定为考量标准。

在地方官任上，苏轼也始终以方便民众为施政中心。如在密州实行“给田募役法”，旨在“因法以便民”。徐州遭遇洪水时，身为地方长官的苏轼亲上一线，驻扎在城楼上，指挥抗洪工作。当洪水漫延、冲毁民居时，苏轼又命令熟悉水性的人划船装载粮食，救民于水火之中。水退之后，苏轼又积极争取朝廷支援，加固徐州的城墙和堤坝，筑牢防洪工程，维系百姓生活的安稳。“民益亲”体现出百姓对苏轼的爱戴，也是对他“不负初心”、心系民生最好的回馈。

第三是砥砺初心，对国家负责。

苏轼《谢翰林学士表二首》之二曰：“敢不激昂晚节，砥砺初心。虽洪造之难酬，尽微生而后已。”在其他上奏的场合，苏轼也多次强调这一点。如《谢宣召入院状二首》之一：“知人材之难得，采虚名而用臣。敢不益励初心，力图后效。”这个需要不断磨炼的初心就是不附和、不苟合，始终对君主尽忠、对国家负责的立朝大节。“表”是以臣禀君的上行文体，表的进呈有一个君臣对话的语境。在这里，“君”是“臣”施展才能，经世济国的重要保证，因为“得君行道”是每一个读书人追求的理想。同时，“君”又是国家的代表，臣僚效忠君主，并非只为君主个人，而是为了民众的福祉和国家的长治久安。

可以说，苏东坡砥砺的“初心”，不是为一人一朝，而是为天下万世。要保持“初心”的一以贯之，就必须时刻自我检视、不断淬砺磨炼。

在《送俞节推》中，他感叹“异时多良士，末路丧初心”，指出“我生不有命，其肯枉尺寻”。要做到“不丧初心”，不为外在环境所异化和遮蔽，就必须砥砺节操，历久弥坚。“苏文忠公”有一个“忠”字，这个“忠”就是不因朝廷的政策调整而改变，不因个人的仕途起伏而动摇，坚持独立政见，怀道义以正君心，以天下为己任。

后人在评价苏轼时，往往称赞其忠义之气。如黄庭坚《东坡先生真赞》

云："至于临大节而不可夺，则与天地相终始。"在黄庭坚看来，苏轼的忠义气节已不限于在朝期间。在"西掖銮坡""岌岌堂堂"的风光时刻，苏轼当然有上述君臣对话语境中的"初心"；但在政治失意、遭遇贬官的磨难时刻，即使有"鲲鲸之波"的危险，苏轼仍然不改初心，不因自己仕途的变化而改变对国家、对天下的忠义之心。这种初心尤其需要磨炼。

总之，苏轼的初心就是回归初心、不负初心、砥砺初心，做到对理想执着、以百姓为念、向国家负责，这是我们今天治国理政应该汲取的精神资源。

东坡文化 影响深远

从古代"苏海"到现代"苏学"，东坡文化的序列和谱系不断拓展，为中华优秀传统文化的传承创新提供了丰厚资源。

苏轼是中华优秀传统文化对外传播的典范，东坡文化的影响力集中体现在古代朝鲜半岛和日本所处的东亚汉文化圈。从北宋神宗朝开始，苏轼的作品就已流传到高丽，其后对王氏高丽、李氏朝鲜文坛形成深远影响。

高丽文人崔滋指出："今观眉叟诗，或有七五字从东坡集中来，观文顺公，无四五字夺东坡语，其豪迈之气、富赡之体，直与东坡吻合。"谈到高丽文坛李仁老、李奎报对苏轼的模仿。李朝文人金宗直更指出苏东坡在文坛风气变化中的重要影响："宗直自学诗以来，往往得吾东人诗而读之，名家者不啻数百，而其格律无虑三变，罗季及丽初专袭晚唐；丽之中叶专学东坡，迨其叔世，益齐诸名公，稍稍变其旧习，裁以雅正，以迄于盛朝之文明，犹循其轨辙焉。"如金宗直所言，从高丽朝中叶开始，苏东坡就成为文人模仿的典范。

南宋时期，苏轼的著述传播到日本。镰仓、室町时代的五山禅僧将讲读苏诗作为学习汉文化的重要手段。苏轼诗歌在五山禅僧群体中有诸多注本，包括瑞溪周凤坡诗《脞说》、太岳周崇《翰苑遗芳》、一韩智翃《蕉雨余滴》、万里集九《天下白》等，这四部被笑云清三汇编在一起，称为《四河入海》。

到江户和明治时期，苏轼诗文的各种选集和评注本更是层出不穷。例如，赖山阳曾编《韩苏诗钞》，以“东坡本色”评价苏诗与苏文，并对三苏的古文风格进行对比。除了著述形态，苏东坡的图画、墨迹等也同样受到日本古代文人的喜爱，引发了多种形式的文化活动。例如，苏东坡墨迹《寒食帖》与《李白仙诗卷》在东洋的展览，就激发了日本文人举办“寿苏会”的热情，让东坡生日腊月十九日这一天成为东亚汉文化圈纪念苏轼的重要时间点。而苏东坡的《赤壁赋》也同样走出国门，受到日本、朝鲜等文人的普遍效仿。“赤壁何须问出处”，作为东坡文化的重要符号，赤壁成为世界性的文化景观。

20 世纪以来，苏轼引发西方学术界的极大兴趣，其成果包括年谱、传记、版本研究、译本、选本、作品研究、文艺理论研究、绘画与书法研究、戏剧研究等。林语堂用英文写成的《苏东坡传》为人所熟知，美国汉学家贺巧治的《苏轼传》则从苏辙所撰墓志铭出发，勾勒了苏轼的一生，资料详尽。此外，艾朗诺、管佩达、唐凯琳、包弼德、傅君劢等学者的研究成果同样值得重视。从巴蜀到天下，从中国到世界，从古代“苏海”到现代“苏学”，东坡文化的序列和谱系不断被拓展，为中华优秀传统文化的传承创新提供了丰厚资源。

作者简介

戴路，四川大学文学与新闻学院苏轼研究中心副主任。

澄怀味象 立心铸魂

——东坡文化与当代书法新论

连超

苏东坡深邃的哲学思想、诗性的美学精神、赤诚的家国情怀、丰厚的人生体悟、辉煌的文艺成就、无限的人格魅力，成为中华传统文化极具典型的有机组成部分，更是中国书法文化品格和审美内涵的精神之源。不忘本来才能开辟未来，善于继承才能更好创新。传统唯有在不断阐释中，方可经久不衰和永葆活力。立足于此，对于东坡文化与当代书法关系进行一些本体性和系统性思考，既可适应复兴传统文化之需求，又可深入掘发东坡文化之本体，亦有利于当代书法的创造性转化和创新性发展。

苏东坡波澜壮伟的一生，完美诠释了中华文化的智慧与精神。

虽境遇坎坷，他却始终秉持“此心安处是吾乡”的超逸之心与“天真烂漫是吾师”的纯朴之情。其生命之波澜，至黄州一变；其诗文书法，也随之一变。后又贬至惠州和儋州，可谓几度沉浮，最终成就伟大的历史蜕变与千古风流。他对“真”的探索，对“意”的追寻，对“自我”的超脱，对“人生”的哲思，是“艺道合一”思想在文艺中的视觉表征。

苏东坡既重视儒家的“有为而作”，又倾慕佛家的“明心见性”，亦追求道家的“不能自已”。儒家令他建构了兼济天下的家国情怀，佛道则使他消解了桎梏异化的世俗杂念，从而臻于“审美化生存”之境。他革新笔墨所架构的形式本身，丰盈主体所塑造的审美意象，进而通向生命本源之“道”。

苏东坡晚年曾言：“九死南荒吾不恨，兹游奇绝冠平生。”（《六月二十日夜渡海》）又言：“问汝平生功业，黄州惠州儋州。”（《自题金山画像》）这无疑是他最为忠实的心语，亦是他最为豁达的胸襟。苏东坡贬谪时期的诗文创作在“深入生活，扎根人民”的深刻体认基础上，更加趋于直面现实、正视人生、抒发情怀、咏物言志的现实主义表达。其忠义之心、赤子之情、宏博之理、奇绝之趣在现实主义诗文中体现得淋漓尽致。在这三个贬谪之地，既实现了他文艺创作的飞跃，又实现了他人生境界的升华。正因此般别样的人生地图，方有融通超越的东坡精神。

苏东坡的人生失意诗化了坎坷遭遇，滋润了内心格局，最终成就了他的诗意人生。他那登峰造极的现实主义贬谪诗成为人们心灵滋润和审美熏陶的不竭源泉，更是汲取力量和健全人格的无穷宝库。以苏东坡极具现实主义精神的谪贬诗为文本，基于审美创造去研读经典、书写经典、传播经典，以推动书法创作承载经典文化的风气。

在民族复兴的新时代文化语境中，对苏东坡的诗性精神、淑世情怀与艺术追求进行再审视、再解读、再创造，可进一步增强书法作品的思想性、学术性、时代性。通过书写经典，阐发东坡文化之本体内涵，探索东坡精神之现代转型，思考东坡文艺的当下潜能，可构建传统与现代衔接的内在理路，为当前书法的创新发展与生态建设提供理论支撑和实践引导。

苏东坡基于历史发展的宏观视角与艺术规律的辩证认识，倡导“我书意造本无法”和“自出已意以为诗”的创作观念，极富革新精神和时代特征。苏东坡为我们奠定了崇高的美学标准：以澄怀味象为本，以立心铸魂为根，饱含悠远深邃的文化想象、超然恣旷的诗性精神，运用新颖生动的诗画语言去摹画自然和书写人生。书法经典在生活实践中自然而成，无须人为刻意加工。通过对书写目的、风格形式、书家气质等进行考察，仍可窥探古代书迹的意蕴。文本内容如何书写，主要取决于书家的专业素养与艺术情感，当代书家若想兼顾书写的文化性、艺术性和时代性，就不能泥古不化，否则文墨相离最终难成其道。

综上所述，立足当代视角对典籍中的东坡文化重新进行审视、解读与表现，以苏东坡现实主义题材诗为文本内容，以其审美特质为主旨内涵，以其人文精神为内在观照，打破以往一味追求装饰性的“文字景观”式图像设计，而转为深入本体性的“文墨和谐”式精神叙事，完成对诗意文心和翰墨价值的深度阐扬，并结合不同书体和个人意趣进行研究性与系统性创作，力求阴柔与阳刚二美兼具的“清雄”之境。以“发纤秾于简古，寄至味于淡泊”为准则，追求“外枯而中膏，似淡而实美”的审美意趣，并努力求新求变。

书法创作须文书共美，且无错字之瑕，方可称善。当前书坛不乏内容媚俗、意境拙劣等文化品格缺失的作品。对文辞的选择，可充分体现书家的综合素养，并直接关乎书法创作的文学高度与思想深度。书法之创新，文辞是根基。书法有了文辞之“境”，其墨韵之“意”才更有味道。苏东坡推崇“尚意”，追求文墨一体，其作品的文化内涵与其思想境界、艺术精神相贯通。

书法创作唯有以深刻的文学内涵和崇高的审美意趣相融合，方能形神兼备。当下书法创作者往往抄录一些自己都未曾理解的诗文，过于强调笔墨的趣味性和作品的视觉化，而忽视书法艺术的审美内涵与文化特质，导致历史与现实脱节、主体与客体分割、内容与形式相离，且为了投稿参展而陷入一种程式化书写。此类作品既不能打动自己，也不能感召观者，更无法影响来者。

以苏东坡经典现实主义贬谪诗为主题，要求对苏诗必须深入研究。对书写文辞及古人心性唯有感通神会，方可达到文墨兼优、人书合一之境。这种尝试，将有利于阐扬苏东坡的人生哲理与艺术精神。同时将给当下书法创作以启示，即书家在凝练笔墨技术的同时，应积极提升个人的学术素养，将文字书写延伸至文本观照，继而经艺术想象提炼为诗意表达。由是形成一种以学术引导创作，以创作充实学术的氛围，使书法艺术在承扬经典上更加全面而深刻。

由于文字内容与意境营造的互动性，书写者需要具备驾驭不同书体、风格的能力。力求在精研苏东坡极富人生理想与时代精神的现实主义贬谪诗之后，以不同的艺术形式去表现不同的文字内容，深入探索二者的审美整体性，突破单一僵化的艺术语言和创作模式，以提升书法形式美的多重语境。进而融简牍、碑刻等视觉元素而力求多样统一，既遵循历史规律性，又符合审美创造性与主观情感性，尤其注重艺术表现的时代性。

谈及艺术表现的时代性，就必须将书法创作放至历史传统和民族复兴的高度，既要追寻无愧于先贤的经典巨制，又要力求无愧于时代的精品力作。因此，真正意义上的书法创作并非一般性主题创作，亦非专门性文学研究，而是通过以文本研究引领书法创作，以书法创造延展精神面向，实现从文本内容到精神本体的视向转换。深层次全方位书法艺术的开展可使书法创作在形式上有所创新，思想上有所提升，审美上有所拓展。同时，对于中国书法理论研究具有启迪价值，对当代书法高扬崇高隽永的人文精神，彰显熠熠生辉的时代风貌，折射超越时空的人生思考亦有现实意义。

基于四川历史名人苏东坡的文艺再审视和再研究，通过回望传统、致敬东坡、书写经典与重构价值，可积极提升大众的人文素养和道德品质，彰显正能量，弘扬真善美。同时，将对四川历史文化和书法艺术的未来发展提出有效建议：促使艺术家们在创作和研究中进一步植根传统、关注现实、深入生活、扎根人民，表现城市精神，坚守人文关怀，塑造民族形象，在守正创新中努力发掘本土文化的精神之美和当代意义，从而彰显新时期四川文化艺术特有的时代气息。

此外，亦可激励艺术家们大力继承和发展四川地区源远流长且丰富多彩的地域文化资源，积极构建现实主义与浪漫主义共融、传统观念与超越精神并举的巴蜀文化和话语体系，以便更为有效地增强人们的民族自信、文化认同与社会担当。

作者简介

连超，山西长治人，四川大学艺术学院发展规划办主任，四川大学书法研究所助理研究员，（全国）教育书画协会高等书法教育分会会员，中国青年书法家协会会员，中国高等教育学会会员，四川省文艺评论家协会青年评论工作专委会副秘书长，四川省美术家协会会员，四川省书学学会会员，成都市文艺评论家协会副秘书长，成都市书法家协会培训中心委员，成都市美术家协会理论委员会委员。研究方向为书画史论与艺术美学。

慢镜头看完苏轼的一生

——读《孤星之旅：苏东坡传》

郑好

《孤星之旅：苏东坡传》作者周文翰先生用700多页的篇幅，巨细无遗地讲述了这位老熟人的一生。仿佛是一部未经剪辑的纪录片，用一个个长慢镜头，拍摄苏轼一生走过的路。

他按照时间顺序，用一种近乎流水账的细密，将苏轼的一生娓娓道来。读者几乎可以像日历一样在书中查阅，某年某月甚至某日，苏轼做了什么，或者他的生活中发生了什么。

在这部书里，你可以读到苏轼快乐的童年生活，追寻他的每一次旅程，在每一座停留的城市所游览的地方、所结交的朋友、所唱和的诗文，还有他跟同僚的关系、他的工资、盖的房子、做菜的方法等等，直到他的人生落下帷幕。

不得不说，读完这样一本厚厚的书，是需要一点耐心的。毕竟，这是一部节奏舒缓的纪录片，不是跌宕起伏的剧情片。

苏轼的一生完全可以提炼成剧情片。他经历过乌台诗案的惊惧惶恐，也有过火箭升迁的得意时分，还有一贬再贬、贬到天涯海角的黯淡漂泊。

若将一个人的一生均匀地铺展在时间轴上，那些高潮就被消解了。几次大起大落，放在几十年的人生里，不过是短短的几个片刻。

但正是这样事无巨细的长篇叙述，提供了一种认识苏轼的稀缺视角，也提供了认识这个人的丰富素材。它帮助我们跳出简单的标签，看见一个生动饱满的人。

按世俗标准，苏轼的一生不算特别成功。早些年尚能按官场体制正常考核升迁，后来却遭遇无中生有的祸患。当中虽有身居高位的时候，但最后还是被直接从朝堂打入岭南荒僻之地。

他明明具备成功的所有条件，却因为一些个人无法改变的因素而始终不能遂愿。那么，当人即便有再大的能力，也无法左右自己的命运、无法取得成功时，人生的意义是什么呢？

细读苏轼的人生，能得到许多慰藉。即便有长达几年的时间都感觉灰暗，但放在整个人生的时间轴上，也不过是一个片段，前面还有很多路程要走。人生呀，别这么早就放弃，别这么早就唉声叹气，前面还有更大的坑呢！

黄州、惠州、儋州，越贬越远，条件越来越恶劣，苏轼却越来越从容，心境似乎在漂泊中日益沉稳完熟。每次被贬，他都认真考虑在谪居之地终老。这些地方都条件艰苦，缺少文人雅士，缺少风景名胜，在儋州甚至连书籍和笔墨都很缺乏。

但他总是很快又交到了朋友，又开始喝酒写诗。再过一段时间，他就开始认真考虑在这里居住，盖房子、盘算把家人接来，在这里安居。无论在什么境地中，他都还是他自己，是那个我们已经熟悉了的东坡先生。

人的一生有多少起起伏伏，都未可知，也许前面还有更大的困境等着我们。但人可以越来越不被困境所左右，越来越活成自己，甚至像东坡先生那样，躺在坑底还看起了风景。若是这样，也未尝不是圆满的一生。

《孤星之旅：苏东坡传》将大量丰富的材料细致地编排，呈现在读者面前，作者却隐身在叙述后，既不贴标签，也不为读者下结论，让读者去发现各自心目中的东坡先生。

一本书读下来，我获得了许多印象。比如，东坡先生是个很爱热闹的社交达人。他喜欢交朋友，喜欢与人往来交游，常常说笑话开别人玩笑。他一定是那种经常组个局喊人出来玩的朋友，在酒桌上也是众星捧月的核心人物。

他很爱玩，每到一地总要把附近乃至周边地区的山水、寺观游览个遍。而且他不喜欢一个人玩耍，总要跟朋友一起，有时个别人不喜欢爬山，他还要骗人家一起去。

他也有点大手大脚，有钱的时候常常花高价买名画、古董、姬妾。没钱的时候，草屋泥墙也是可以过的。

从青年到老年，他无数次下决心要修炼养生吐纳之法，但书中的描述一以贯之，“他只坚持了十几天”，正如我隔三岔五嚷嚷着要减肥的样子。

我很容易理解他与动辄获罪、气氛肃杀的朝堂是格格不入的，理解他身居高位时也屡次上书希望离京外放的心情。东坡先生是自由的鸿鹄，朝廷这个沉闷的笼子不适合他。

苏轼是《孤星之旅》的绝对主人公，但跟随他的足迹，也会如同观看汴京街景那样，见到北宋许许多多的人和事。

这是苏东坡的孤星之旅，也是我的发现之旅。

作者简介

郑好，浙江人，就职于上海某高校。喜欢在上下班乘坐地铁时看书。兴趣驳杂，好读书但不求甚解。偏爱历史、社科与花花草草，喜欢有趣但没什么用的事物。

悲欣交织人生路 木石诗文一画图

——读《木石图》里的苏东坡

胥勋池

说来也怪，我每每读苏东坡的《木石图》（亦名《枯木怪石图》），就会想到八大山人“墨点无多泪点多，山河仍是旧山河。横流乱世杈椰树，留得文林细揣摹”的题画诗，心中总有一种难以名状的酸楚与隐喻两人世事人生的诗画共情。

《木石图》乃苏东坡因龃龉新政为朝廷不容而自请下放，由密州改知徐州的任上所作，时在元丰元年（1078）。读如此背景、作者的画作，自然不会也不必去论其笔墨的精妙腴润，因为笔墨是传统文人最不需要言说的基本技能。尤其对一代文豪苏东坡而言，笔墨是履职的工具，是适情达意的手段，更是傲立于世的本领。日积月累的笔墨功夫成就了他可为上法的笔墨质量，谈笔墨难免有多此一举之嫌。然而，笔墨是文人画的核心，《木石图》不谈笔墨必然会流于对传统文人画认知的浅薄。

我想说的是，面对出自千古一人苏东坡之手的笔墨佳作，品读《木石图》不能不谈笔墨，但不能就笔墨论笔墨，因为画由心生。纯粹的笔墨探讨不免落入“赋诗必此诗”的形下园囿，只能在“谁言一点红，解寄无边春”的文人画形上境界之外徘徊。

我们知道，苏东坡是文人画鼻祖，具有深厚人文素养和高远心境视界。重神轻形不过是他所提倡的绘画门槛，而只有在画中代入了自我，方能成全文人画意。因为文人笔墨之余的"笔墨"不在于画物而在于借物画画，如林风眠之所言，画画的本质是画画。苏东坡不在于画画而在于画"我"，在于《木石图》笔墨之外、木石之内的苏东坡。也就是寄"一点红"笔墨去解"无边春"东坡。

《木石图》之石，取卧势，圆融而稳定。石乃恒定的无生命之物，苏东坡用笔连意连，笔不断意断的环转型曲线，赋予它厚重的内在力量，给予它不断向外推送的动势。

《木石图》之木，取立式 ，虬屈而上。树本循季枯荣的生物之体，苏东坡用枯硬老干、蟹爪新枝映照人生，诠释对自然、社会、人生变化的认知。

从《木石图》的曲、折线条和木石构成的动、静变化中似乎看到，此时的苏东坡已经没有了密州出猎时"老夫聊发少年狂"的豪迈，但他用曲线给予卧石以向外突围的生命，用向上、向着希望的虚实、曲折的线条给老树以活力，表达了理想和向往。悲催的是，曲线的时尚、飘逸、优美心理感受，在其旋涡般的空间、节奏中消耗殆尽，最终以一种难以冲破心理困扰的无力感，写照乃至预言出无奈的起伏人生。

从嘉祐元年（1056）走出巴山蜀水开始，踌躇满志的苏东坡，以其道德文章名动朝野，却在政见、党争上表现得像《木石图》中石头的环圆曲线并不与石头质地相应一样，"一肚子的不合时宜"，反王安石变法冒进，新党不亲；嫌司马光守故弃新，旧党不爱。一生弯弯曲曲、起起落落，不是在流放就是在去流放的路上。

《木石图》用木石线条同质化的形式语言，和木石一体化的修辞语言，形象地讲述了苏东坡因此而陷入"庐山烟雨浙江潮，未至千般恨不消。到得还来别无事，庐山烟雨浙江潮”的头衔尾命运怪圈，直至在“心似已灰之木，身如不系之舟。问汝平生功业，黄州惠州儋州”的喟叹中落幕人生的悲欣故事。

这一起始于眉州，经历了亦哭亦笑的黄州、惠州、儋州，走过了笑中带哭的杭州、颍州、定州，终止于常州的故事里，既有“菊残犹有傲霜枝”的豪迈心性，也有“纵使相逢应不识，尘满面，鬓如霜”的深情婉约，还有“竹杖芒鞋轻胜马”的世事通达。苏东坡66年的人生在萧县圣泉寺写就的木石里若隐若现，在曲线的圆转绕折、木石的强弱同构图中欲说还休。

作者简介

胥勋池，四川省文联文艺人才专家库专家，四川省文艺评论家协会理事、新文艺群体专委会副主任。